Trendtaschen selbst nähen

für Büro, Party und Urlaub

Marie-Émilienne Viollet

Trendtaschen selbst nähen

für Büro, Party und Urlaub

DK

Vorwort

Achtung, hoher Suchtfaktor! Es warten mehr als 20 originelle Taschenmodelle für jeden Anlass auf Sie, die noch dazu leicht zu nähen sind – von der Tragetasche, einmal schlicht, einmal mit grafischem Muster, einmal im XXL-Format, über elegante Clutches mit aufwendiger Optik bis zu individuellen Rucksäcken und weiteren praktischen Begleitern für den Alltag. Mit dem Nähen der ersten Tasche sind Sie so schnell fertig, dass Sie sich gleich die nächste vornehmen werden …

Umweltschutz ist heute ein wichtiges Anliegen, und Taschen selbst zu nähen ist eine einfache und effektive Art, auf unseren Planeten Rücksicht zu nehmen. Wenn Sie Ihre Taschen anfertigen, können Sie das Material selbst wählen und Bio- oder Recycling-Stoffe verwenden. So wird die Natur mit weniger Pestiziden belastet. Ihre Tasche wird keinen einzigen Kilometer transportiert, sondern bei Ihnen zu Hause hergestellt. Auf diese Weise reduzieren Sie Ihren CO_2-Fußabdruck erheblich. Außerdem können Sie sich zugutehalten, dass Sie sich nicht an der Ausbeutung von Arbeit beteiligen, die Menschen zwingt, für einen Hungerlohn zu arbeiten und unter der Armutsgrenze zu leben. Jeder Beitrag zählt, und Sie können sich darüber freuen.

Darüber hinaus ist eine selbst genähte Tasche etwas Persönliches und Einmaliges. Etwas mit den eigenen Händen anzufertigen macht Spaß und ist zugleich nützlich. Der Ausdruck »mit Liebe gemacht« erhält dabei seine volle Bedeutung. Mit der Wahl des Materials und der Formgebung steckt etwas Eigenes im Selbstgenähten.

Sie können sich Schritt für Schritt an meine Anleitungen halten und die gleichen Taschen anfertigen oder Sie lassen sich lediglich von den Formen, Materialien und Techniken inspirieren. Der Kreativität sind keine Grenzen gesetzt. Eine einzigartige Tasche, in der etwas von Ihnen steckt, besitzt einen unschätzbaren Wert!

Übersicht

Schicker Shopper

(Anleitung siehe Seite 58–61)

Krimskramstasche

(Anleitung siehe Seite 62–65)

Goldglanz-Clutch

(Anleitung siehe Seite 66–69)

Tragetasche in Pastell

(Anleitung siehe Seite 70–73)

1 Schnitt – 2 Modelle

(Anleitung siehe Seite 74–77)

Edle Tragetasche

(Anleitung siehe Seite 78–81)

Reisetasche

(Anleitung siehe Seite 82–85)

Schicker Rucksack

(Anleitung siehe Seite 86–89)

Praktisches Etui

(Anleitung siehe Seite 90–93)

Umschlagtasche

(Anleitung siehe Seite 94–97)

Runde Tragetasche

(Anleitung siehe Seite 98–101)

Clutch

(Anleitung siehe Seite 102–105)

Grafik-Tragetasche

(Anleitung siehe Seite 106–109)

Skandinavien-Tragetasche

(Anleitung siehe Seite 110–113)

Weekender

(Anleitung siehe Seite 114–117)

Rucksack

(Anleitung siehe Seite 118–121)

Tragetasche plus

(Anleitung siehe Seite 122–125)

Seesack

(Anleitung siehe Seite 126–129)

XXL-Tragetasche

(Anleitung siehe Seite 130–133)

Exklusive Tragetasche

(Anleitung siehe Seite 134–137)

Edle Clutch

(Anleitung siehe Seite 138–141)

Näh-
utensilien

Leder

Leder ist ein Material tierischer Herkunft: Es ist die Haut von Tieren. Dieses Material wird für die Herstellung von Taschen und Abendtaschen gerne verwendet, da es robust und langlebig ist.

Es gibt viele verschiedene Lederarten, die sich aufgrund von Herkunft, Gewicht, Farbe und Oberfläche unterscheiden. Wählen Sie vorzugsweise strapazierfähiges, jedoch nicht zu schweres Leder, das sich gut nähen lässt.

Leder wird nicht überall angeboten und ist häufig teuer. Sie können auch Leder von gebrauchter Kleidung wiederverwerten oder Lederreste erwerben (siehe Bezugsquellen, Seite 142). So tragen Sie weniger zur Intensivtierhaltung bei und fördern den Tier- und Umweltschutz.

Stoffe

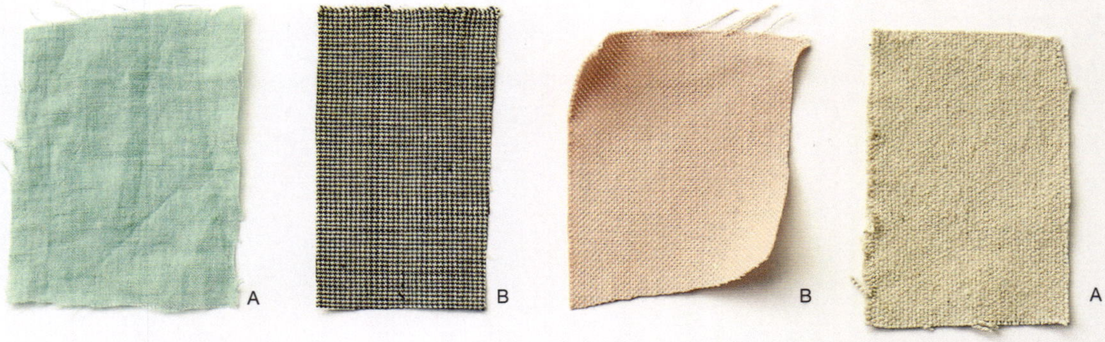

1 Leinwandbindige Baumwoll- (B) und Leinenstoffe (A) eignen sich besonders gut für Taschen. Sie sind strapazierfähig und formstabil.

2 Sehr schick sind leinwandbindige Baumwollstoffe mit schönen goldfarbenen Druckdessins. Sie verleihen einer Tasche Eleganz und Glanz. Solche Baumwollstoffe werden in leichter, mittlerer und schwerer Qualität angeboten.

3 Kunstlederarten sind synthetische Textilien mit Lederoptik. Es gibt sehr hochwertige Lederimitate, die fast nicht von echtem Leder zu unterscheiden sind. Kunstleder ist gut erhältlich und wird wie Stoff als Meterware angeboten. Zudem ist Lederimitat kein teures Material, es ist wesentlich günstiger als Leder!

4 Leinwandbindige weiße Baumwollstoffe mit grafischen schwarzen Druckdessins verleihen einer Tasche einen modernen Look. Die Formen und Größen der Motive sind vielfältig, es lassen sich daraus sehr individuelle Taschen kreieren.

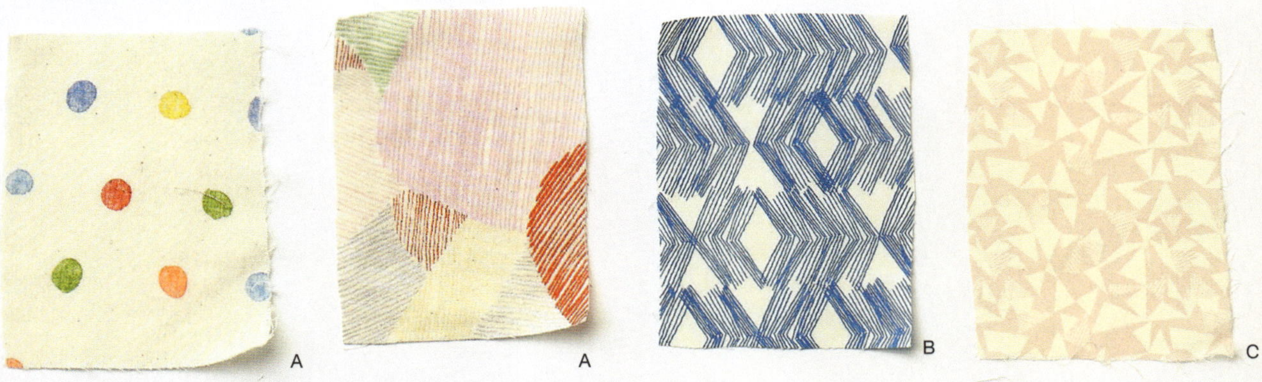

5 Auch andere gemusterte Stoffe sind für Taschen interessant, sowohl wegen ihrer Optik als auch wegen ihrer Haptik. Double Gauze, doppelt gewebter Baumwollstoff (A), eignet sich als feines, edles Material für Abendtaschen. Modalstoff (C) und Baumwollbatist (B) lassen sich gut als Futterstoff verwenden.

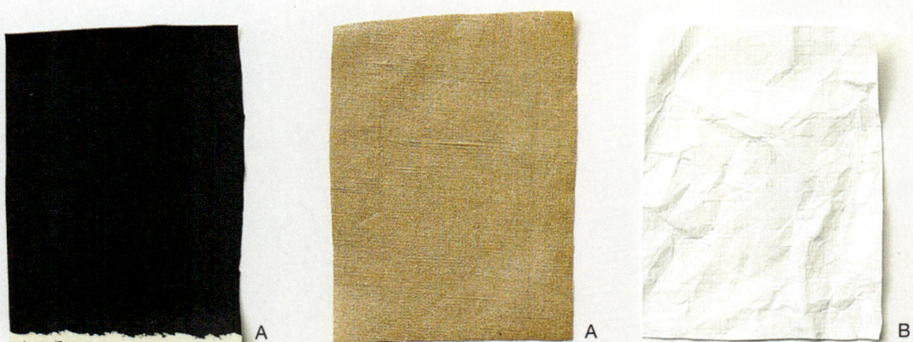

6 Es werden auch immer mehr »technische« Stoffe angeboten. Daraus Taschen zu nähen macht riesigen Spaß. Es können beschichtete Materialien sein (A), imprägnierte Stoffe oder papierähnliche Vliesstoffe (B). Daraus entstehen Taschen und Abendtaschen in betont modernem Stil.

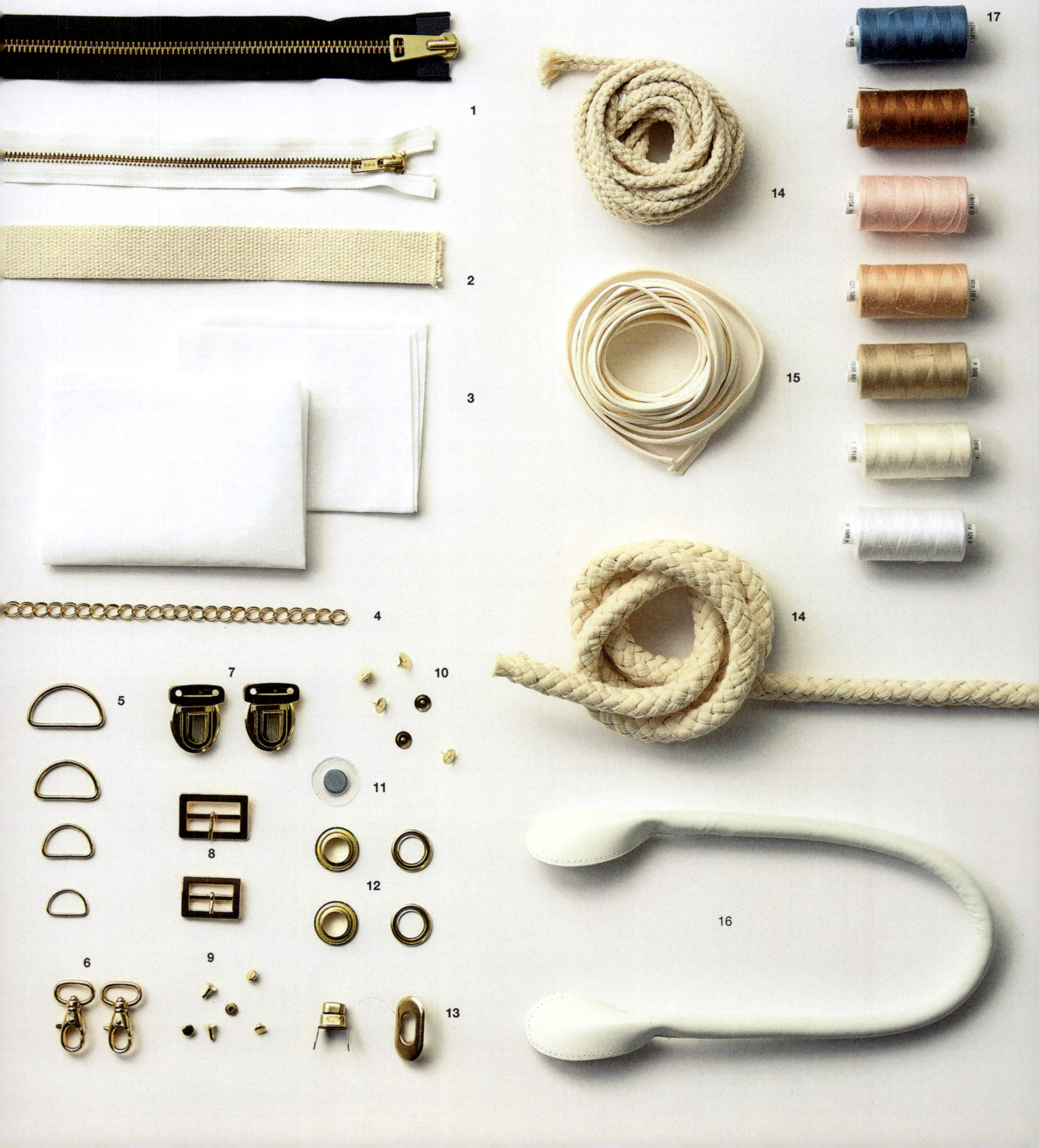
1
2
3
4
5
6
7
8
9
10
11
12
13
14
15
16
17
14

Zubehör

1 **Reißverschlüsse**
Reißverschlüsse werden in vielen verschiedenen Längen angeboten. Für die Taschen in diesem Buch wurden Reißverschlüsse mit Metallkrampen verwendet. Reißverschlüsse sind auch mit Kunststoffkrampen erhältlich.

2 **Gurtband**
Gurtband wird häufig aus Baumwolle oder Polyester angeboten. Aus Gurtband lassen sich strapazierfähige Träger und Henkel anfertigen.

3 **Gewebeeinlage zum Aufbügeln**
Bügeleinlage wird zum Verstärken oder Versteifen von Stoffen eingesetzt (siehe Seite 53).

4 **Taschenketten**
Gliederketten werden in verschiedenen Stärken angeboten, auch als Meterware. Sie eignen sich hervorragend als schicke und zeitlose Träger und Henkel.

5 **D-Ringe**
An d-förmigen Ringen lassen sich Karabinerhaken, Schlaufen und Riemen befestigen. Verwenden Sie D-Ringe in der zum Gurtband oder Riemen passenden Größe.

6 **Karabinerhaken**
Diese kleinen Haken sind sehr praktisch zum Befestigen von Ketten oder Riemen an einer Tasche.

7 **Mappenverschluss**
Verschlüsse, wie sie alte Schulranzen hatten, sind sehr einfach einzusetzen und nach wie vor äußerst stilvolle Taschenverschlüsse.

8 **Gürtelschnalle**
Gürtelschnallen bieten sich als originelle Taschenverschlüsse an. Die Schnalle wird mit einer Schlaufe an die Tasche genäht.

9 **Nieten**
Mit Nieten lassen sich mehrere Stofflagen verbinden, die aufgrund ihrer Dicke nicht oder nur schwer zu nähen sind. Nieten eignen sich hervorragend zum Befestigen von Lederhenkeln.

10 **Flach gewölbte Polsternägel**
Mit Polsternägeln lässt sich Stoff an Holz befestigen.

11 **Magnetverschluss zum Einnähen**
Mit einem Paar in Folie eingeschweißten Scheibenmagneten lässt sich eine Tasche gut verschließen.

12 **Ösen**
Ösen werden in vorgestanzte Löcher eingesetzt. Der Metallring sichert die Lochkante, sodass eine Kordel eingezogen werden kann.

13 **Drehverschluss**
Auch ein Drehverschluss eignet sich gut als Taschenverschluss.

14 **Kordeln und Bänder**
Kordeln und Zugbänder sind praktische Taschenverschlüsse. Sie werden in vielen Farben, Stärken und aus unterschiedlichen Materialien angeboten.

15 **Paspel**
Eine Paspel besteht aus einem gefalteten Stoffstreifen, in den eine Schnur eingelegt ist. Sie wird bei Taschen und Abendtaschen als Reliefverzierung in Nähte eingearbeitet.

16 **Taschenhenkel**
Taschengriffe und -henkel werden als Kurzwaren und Handarbeitszubehör in großer Auswahl geführt.

17 **Farblich passende Nähgarne**

1
2
3
4
5
6
7
8
9
10
11
12
13
14
15
16
17
18
19
BOHIN
BOHIN
Ce sont
aussi tous
les accessoires
de couture
dont vous
avez besoin !

Handwerkszeug

1 **Zeichendreieck**
Ein sehr nützliches Werkzeug zum Konstruieren von Schnittteilen nach vorgegebenen Maßen und zum Überprüfen der rechten Winkel.

2 **Abdeckband**
Leder lässt sich mit Abdeckband oder Klebeband vorläufig an der gewünschten Position fixieren. Stecknadeln eignen sich nicht für Leder.

3 **Schneiderkreide**
Mit Kreide werden Stoffe mit Markierungen versehen, die anschließend abgewischt werden können.

4 **Kurzes Stahllineal**
Mit einem solchen flachen Lineal sind Abstände leicht zu messen, vor allem beim Nähen mit der Nähmaschine.

5 **Doppelseitiges Klebeband**

6 **Spitzzange**
Mit Zangen dieser Art lassen sich bei Ketten, die als Meterware angeboten werden, die einzelnen Kettenglieder öffnen und schließen.

7 **Stecknadeln**
Diese sind zum Zusammenstecken von Stofflagen unersetzlich. Damit sich der Stoff beim Nähen nicht verschiebt, stecken Sie die Stecknadeln quer zur Naht fest. Die Nadeln laufen so beim Nähen unter dem Nähfuß hindurch.

8 **Fingerhut**

9 **Feine Stechahle**
Zum Vorstechen feiner Nahtlöcher in Leder.

10 **Fadenschere**
Ein kleines Werkzeug zum Abschneiden der Fadenenden nach dem Schließen einer Naht.

11 **Maßband**

12 **Handnähnadeln**
Halten Sie ein Sortiment Handnähnadeln vorrätig, angefangen mit der Nadelstärke Nr. 7 für schwere Stoffe bis zur Nadelstärke Nr. 10 für feine Stoffe. Außerdem benötigen Sie Nähnadeln für Leder und Kunstleder. Achtung: Leder- und Kunstledernadeln werden schnell stumpf und müssen häufig ausgetauscht werden!

13 **Schneiderschere**
Verwenden Sie diese Schere ausschließlich zum Schneiden von Stoff, sonst wird sie schnell stumpf.

14 **Magnetischer Kantenführer**
Mit diesem kleinen Werkzeug lässt sich beim Nähen eine konstante Nahtbreite einhalten. Es wird magnetisch auf der Stichplatte gehalten.

15 **Lochzange**
Dieses Werkzeug ist zum Stanzen von Löchern in Leder unersetzlich. Bei den Projekten in diesem Buch wird es zum Lochen von Riemen verwendet, die mit einer Gürtelschnalle geschlossen werden.

16 **Hammer**
Zubehör wie Ösen, Nieten und Polsternägel werden mit einem Hammer in die Taschen eingesetzt.

17 **Stoffklammern**
Sie dienen als Ersatz für Stecknadeln. Leder und Kunstleder dürfen nicht mit Stecknadeln fixiert werden, sonst entstehen dauerhaft Löcher im Material. Die Stoffklammern halten Leder und Stoff sicher zusammen.

18 **Seidenpapier**
Mit Seidenpapier können Sie Schnittmuster kopieren und dann aufbewahren. Außerdem ist Seidenpapier zum Nähen bestimmter Ledersorten nützlich (siehe Seite 55).

19 **Flexibles Stoffmesslineal**
Ein solches Lineal eignet sich hervorragend zum Konstruieren von Schnittmustern. Durch die beidseitige Skala lässt sich sehr exakt arbeiten.

Kleine Nähschule

Techniken von A bis Z

Insgesamt 26 Nähtechniken sind alles, was Sie zum Nähen der Taschen in diesem Buch brauchen. Nehmen Sie sich ein bisschen Zeit zum Lesen und Erlernen. Zur leichteren Umsetzung wird bei den Projektanleitungen auf den jeweiligen Buchstaben der Technik verwiesen.

A – Schnittmuster abnehmen
Die verschiedenen Schnittteile nach den vorgegebenen Maßen mit Zeichendreieck, Stoffmesslineal und gegebenenfalls mit einem Zirkel auf Seidenpapier übertragen. Die Schnittvorlagen mit Markierungen und Teilebezeichnungen beschriften und diese an der Außenkontur ausschneiden.

B – Kanten versäubern
Die offenen Stoffkanten einer Naht werden gegen Ausfransen gesichert.
- Mit der Nähmaschine: Entlang der Stoffkante im Zickzackstich nähen.
- Mit einer Overlock-Maschine: Die Kante mit einem Überwendlichstich versäubern.

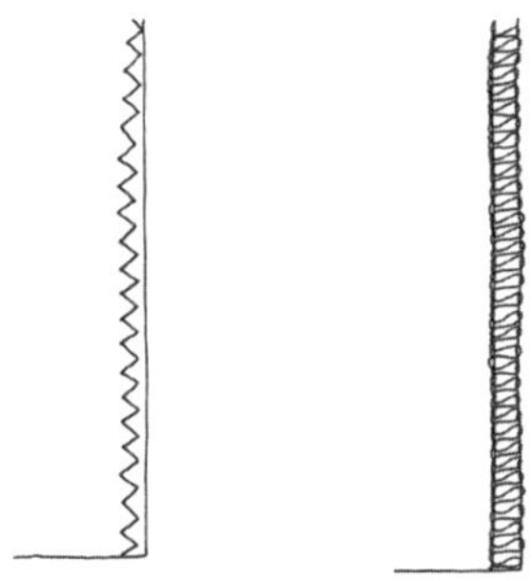

C – Nähte verriegeln
Damit eine Naht sich nicht wieder löst, wird sie am Anfang und am Ende verriegelt. Dazu zunächst 1 cm nähen und dann in derselben Naht zurücksteppen. Die übersteppte Naht sichert den Nahtanfang beziehungsweise das Nahtende.

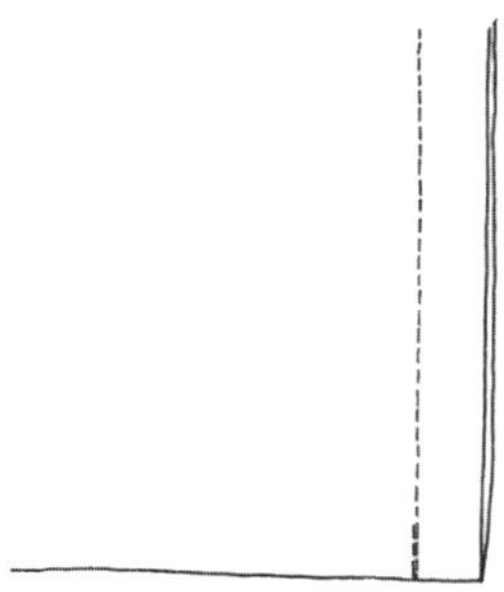

D – Nähte schließen
Zwei Stoffteile werden zusammengenäht, dabei mit 1 cm Abstand zur Stoffkante nähen. Bei den Projekten in diesem Buch beträgt die Nahtzugabe immer 1 cm (1 cm Abstand zur Stoffkante).

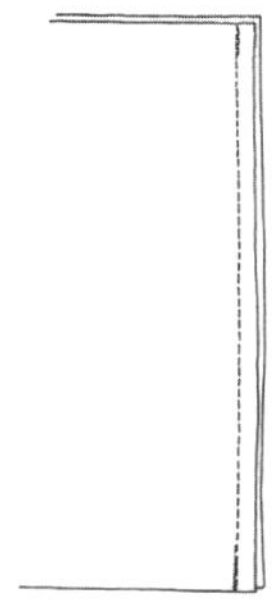

E – Bügeln
Um ein sauberes Nähergebnis zu erziehlen, nach dem Nähen die Nahtzugaben auseinanderbügeln. Nach Möglichkeit Dampf einsetzen, um die Fasern geschmeidig zu machen. Empfindliche Materialien wie Kunstleder und Leder beim Bügeln mit einem Tuch abdecken.

F – Kanten säumen
Manche Kanten werden mit einem Saum versehen, besonders die Eingriffkanten der Taschen. Dazu die Kante zunächst 1 cm nach innen schlagen und dann die umgeschlagene Kante nochmals umschlagen.
Die Saumbreite variiert je nach Tasche. Die lose Bruchkante anschließend im Abstand von 2 mm absteppen.

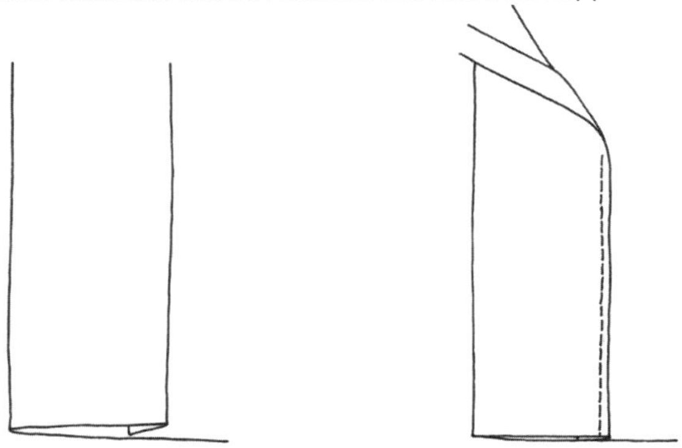

G – Aufnähen
Ein Stoff wird auf einen anderen gesteppt. Die Steppnaht liegt 2 mm neben der Stoffkante.

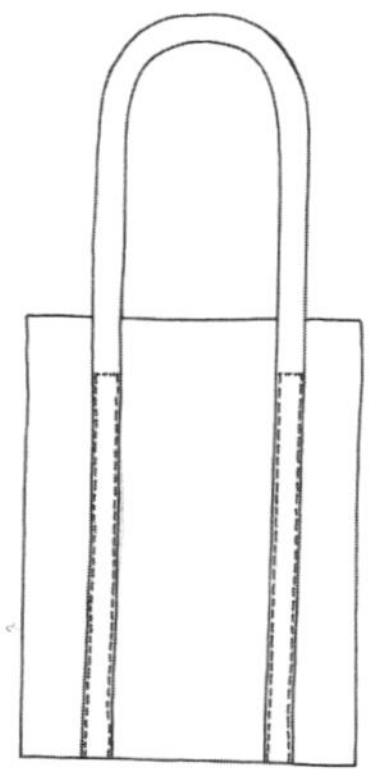

H – Paspel herstellen
Für eine Paspel wird eine Schnur längs in einen gefalteten Stoffstreifen eingelegt. Die Herstellung erfolgt in vier Schritten:

- Stoffstreifen schräg zum Fadenlauf (im 45°-Winkel zum Fadenlauf) zuschneiden und aneinandernähen.
- Den gestückelten Stoffstreifen der Länge nach zur Hälfte legen und eine Schnur einlegen.
- Den Stoffstreifen direkt neben der Schnur absteppen, damit diese eingeschlossen ist.
- Die Nahtzugabe auf 1 cm zurückschneiden.

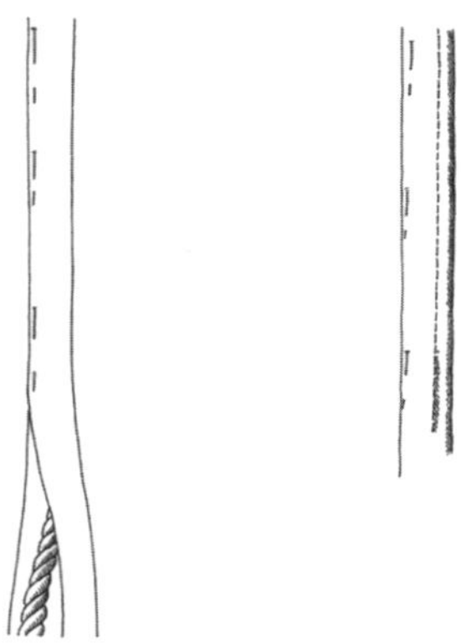

I – Paspel einnähen
Die Paspel so zwischen zwei Stofflagen schieben, dass die Paspel an den offenen Stoffkanten liegt. Die Naht möglichst nah an der Paspel schließen.

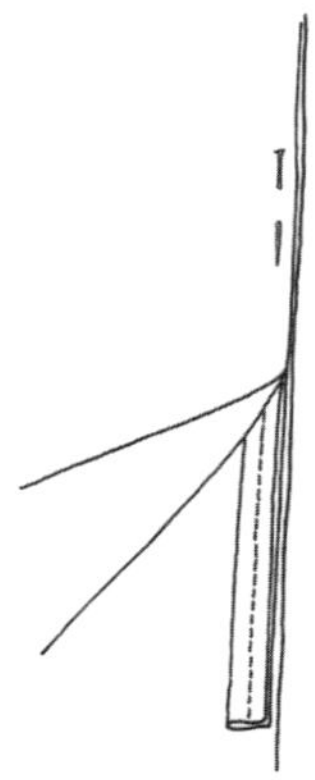

J – Kanten mit Schrägband einfassen
Schrägband ist ein Stoffstreifen, der im 45°-Winkel zum Fadenlauf zugeschnitten wurde. Damit lässt sich ein sauberer Kantenabschluss herstellen. In der Regel wird fertiges Schrägband mit zwei Faltkanten verwendet.
Kanten einfassen:

- Das Schrägband längs zur Hälfte legen und bügeln.
- Das Schrägband so um die Stoffkante legen, dass die Stoffkante an der Bruchkante des Schrägbands liegt, und mit Stecknadeln fixieren. In 2 mm Kantenabstand zum Schrägband absteppen.

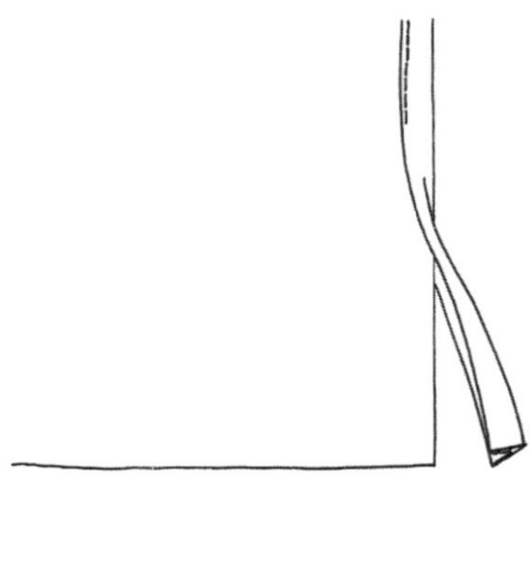

K – Reißverschluss einnähen
Den Reißverschluss kantengleich rechts auf rechts auf den Stoff legen und feststecken.
- Heften.
- Den normalen Nähmaschinenfuß abnehmen und einen Reißverschlussfuß einsetzen.
- Die geheftete Naht unter den Reißverschlussfuß schieben. Den Reißverschluss neben den Krampen feststeppen, Nahtanfang und Nahtende verriegeln.
- Die andere Seite des Reißverschlusses in gleicher Weise annähen.

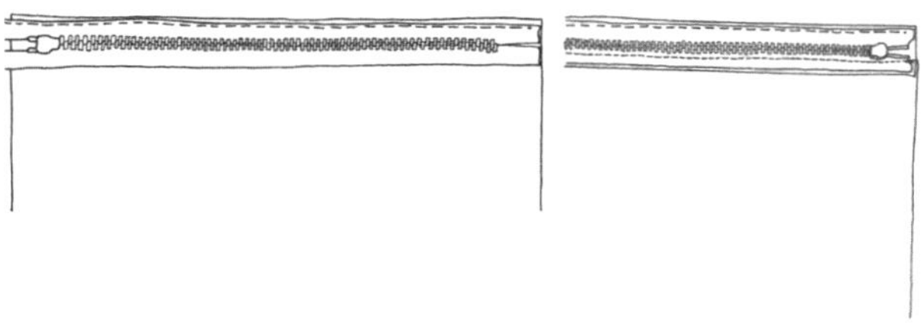

L – Reißverschluss seitlich abnähen
Mit dieser Technik lässt sich eine Naht im rechten Winkel zu einer Reißverschlusskante ohne unerwünschte »Beulen« schließen.
- Die Nahtzugaben des Reißverschlusses nach unten schieben und feststecken.
- Die seitliche Naht mit Stecknadeln fixieren und dann schließen.

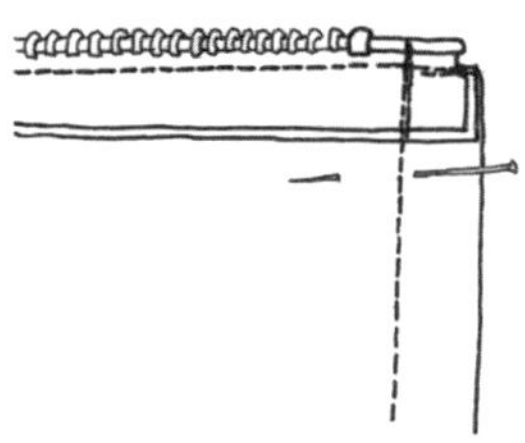

M – Nahtzugaben an Ecken zurückschneiden
Damit sich bei dicken Stoffen nach dem Wenden in den Ecken keine Wulst bildet, müssen die Nahtzugaben auf bis zu 3 mm zurückgeschnitten werden. Allerdings wird die Naht dadurch instabiler. Setzen Sie diese Technik daher vorsichtig und nur dort ein, wo es unbedingt notwendig ist.

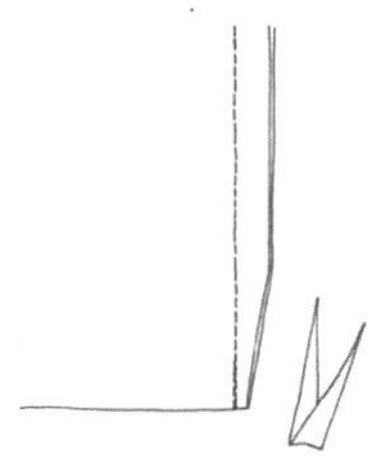

N – Einlagen aufbügeln
Manche Stoffe sollten verstärkt werden. Dazu wird die mit Klebstoff beschichtete Seite der Einlage auf die linke Stoffseite gelegt. Durch Bügeln schmilzt der Klebstoff und verbindet die Einlage mit dem Stoff.
- Das Bügeleisen auf höchste Stufe vorheizen.
- Den Stoff mit der linken Seite nach oben auflegen.
- Die Bügeleinlage mit der beschichteten Seite nach unten auf den Stoff legen.
- Einen hitzebeständigen Stoff darüberlegen.
- Mit dem heißem Bügeleisen ohne Dampf für etwa 10 bis 20 Sekunden über die Einlage bügeln.

O – Taschenhenkel/-griffe anfertigen
Einen Streifen Leder zuschneiden und in der Mitte doppelseitiges Klebeband aufkleben.
- Auf das doppelseitige Klebeband eine Kordel drücken, an den Enden des Lederstreifens je 6 cm frei lassen.
- Das Leder der Länge nach zur Hälfte falten und die Kordel einschließen.
- Den Lederstreifen möglichst dicht an der Kordel absteppen.
- Die Nahtzugabe auf 3 mm zurückschneiden.
- An den Enden im Abstand von 2 mm Löcher stanzen, damit der Henkel von Hand angenäht werden kann.

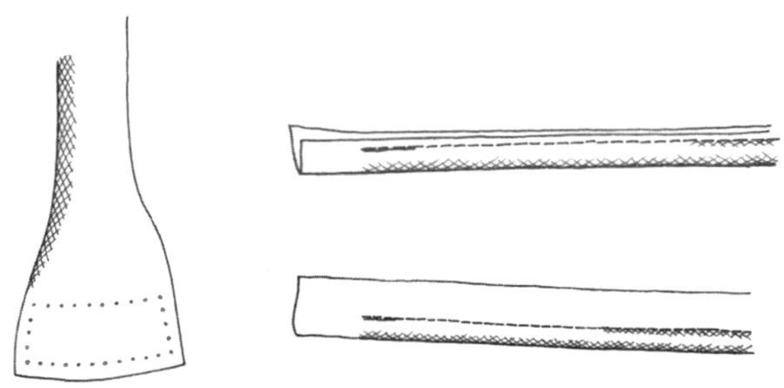

P – Träger/Henkel anfertigen

- Den Stoffstreifen an den Längskanten 1 cm umbügeln.
- Das Band der Länge nach zur Hälfte legen und bügeln.
- Die offene Längskante mit 2 mm Kantenabstand absteppen.

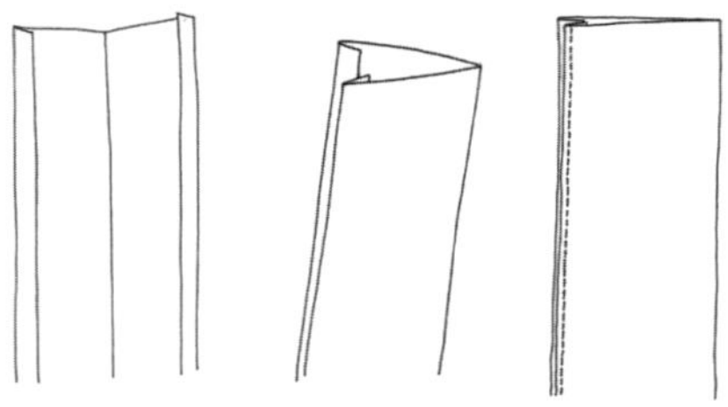

Q – Taschenhenkel annähen

- Den Henkel mit Klebeband auf der Tasche fixieren.
- Mit sehr festem Garn mit Vorstichen von Hand aufnähen.

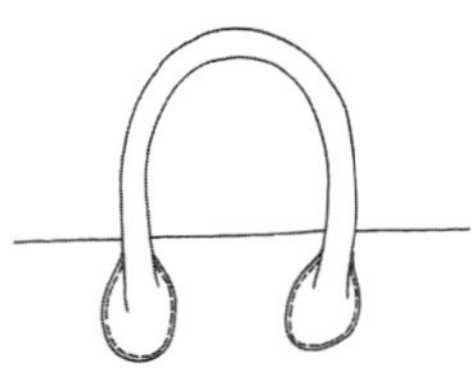

R – Henkel in den Saum arbeiten

- Den Saum vorbügeln.
- Die Henkelenden 1 cm in den Saum schieben, den Henkel dabei nicht verdrehen.
- Die Kante säumen.
- Den Henkel nach oben bügeln und schmalkantig festriegeln (2 mm neben der Oberkante vorwärts, rückwärts und vorwärts steppen).

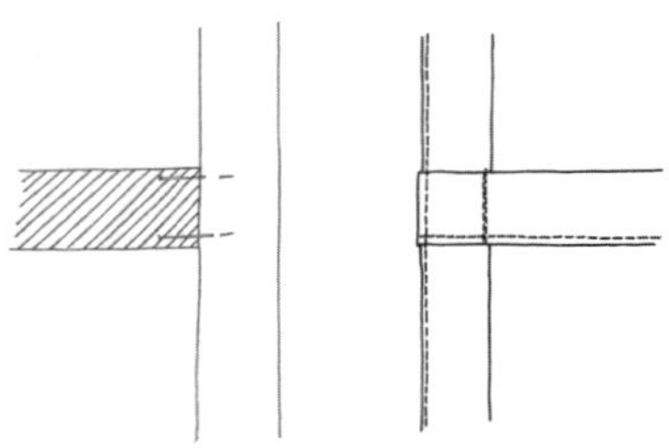

S – Seitliche Bodenkante abnähen

- Den Taschenboden seitlich so falten, dass die Seitennaht mittig auf dem Taschenboden liegt (es entsteht ein kleines Dreieck). Feststecken.
- Die angegebene Kantenlänge abmessen, die seitliche Bodennaht anzeichnen und absteppen.
- Die Nahtzugabe auf 1 cm zurückschneiden.

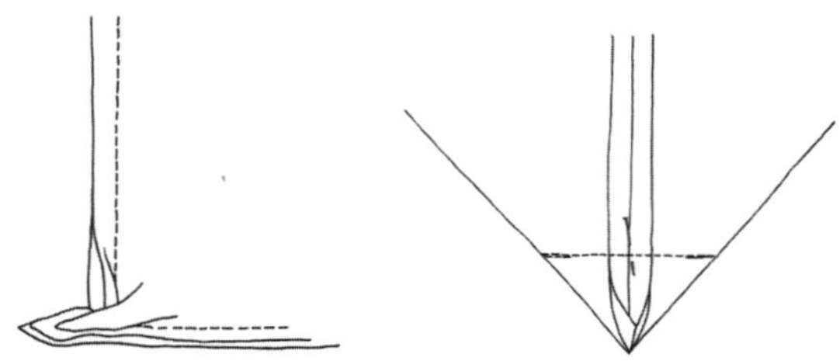

T – Kreis an Rechteck nähen

- Die Kreisviertel mit Stecknadeln markieren. Das bereits genähte Rechteck ebenso markieren.
- Die Teile an den Markierungen rechts auf rechts übereinanderlegen und feststecken.
- Die Naht mit 1 cm Kantenabstand schließen.

U – Oberstoff und Futter zusammennähen

- Oberstofftasche und Futtertasche rechts auf rechts ineinanderschieben.
- Oberstoff und Futter mit den Seitennähten bündig an der Eingriffkante aneinanderstecken.
- Die Naht mit 1 cm Kantenabstand schließen, dabei eine kleine Öffnung zum Wenden lassen. Die Tasche durch die Nahtöffnung wenden und die Öffnung schließen.
- Das Futter in die Tasche stecken.

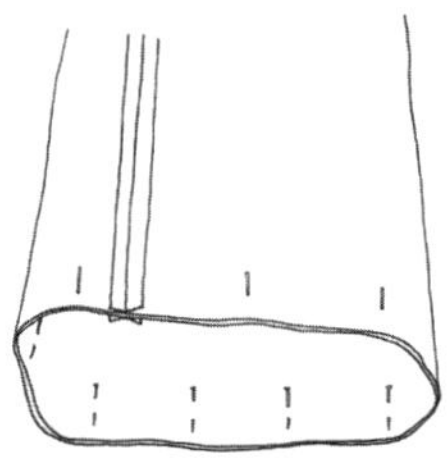

V – Wendeöffnung schließen

Wendeöffnungen können mit einem Saumstich von Hand geschlossen werden. Schneller geht es mit der Nähmaschine:

- Die Nahtzugaben nach innen schlagen und die beiden Kanten der Öffnung übereinanderlegen.
- Die Öffnung mit 2 mm Kantenabstand absteppen.

W – Leder oder Kunstleder vorläufig fixieren

Leder oder Kunstleder kann nicht mit Stecknadeln festgesteckt werden, es würden sonst bleibende Löcher entstehen. Das Material lässt sich ohne Beschädigung wie folgt fixieren:

- Auf anderem Material: mit Klebeband oder Abdeckband
- An den Kanten mit einem anderen Material: mit Stoffklammern

X – Markierungen auf Leder und Kunstleder

Markierungen auf Leder möglichst nicht mit Schneiderkreide vornehmen, diese würde bleibende Spuren hinterlassen. Besser eignet sich dazu Abdeckband.

Y – Leder mit der Nähmaschine nähen

Leder ist ein dickes Material, das unter dem Nähfuß leicht verrutscht. Auch verhält sich jede Lederart unter dem Nähfuß anders. Führen Sie daher mit dem Leder, das Sie verwenden möchten, Nähproben durch, um die geeignete Sticheinstellung zu finden. In der Regel lässt sich Leder am besten mit einer großen Stichlänge nähen.

Z – Mit Seidenpapier steppen

Leder und Kunstleder sind sehr glatte Materialien, manche werden von der Nähmaschine nicht gut transportiert. Zwischen zwei Lagen Seidenpapier funktioniert der Transport besser. Das Seidenpapier nach dem Schließen der Naht vorsichtig entfernen.

Anleitungen

Schicker Shopper

(Abbildung siehe Seite 8)

SCHWIERIGKEITSGRAD

Mit etwas Übung einfach

MATERIAL

Rosa Baumwollstoff, 50 × 110 cm
Goldfarbenes Leder, 65 × 60 cm
Kordel, 1 cm Ø, 1 m lang
Passendes Nähgarn

FERTIGE MASSE

Breite: 38 cm
Höhe: 40 cm
Henkellänge: 17 cm

SCHNITTMUSTER

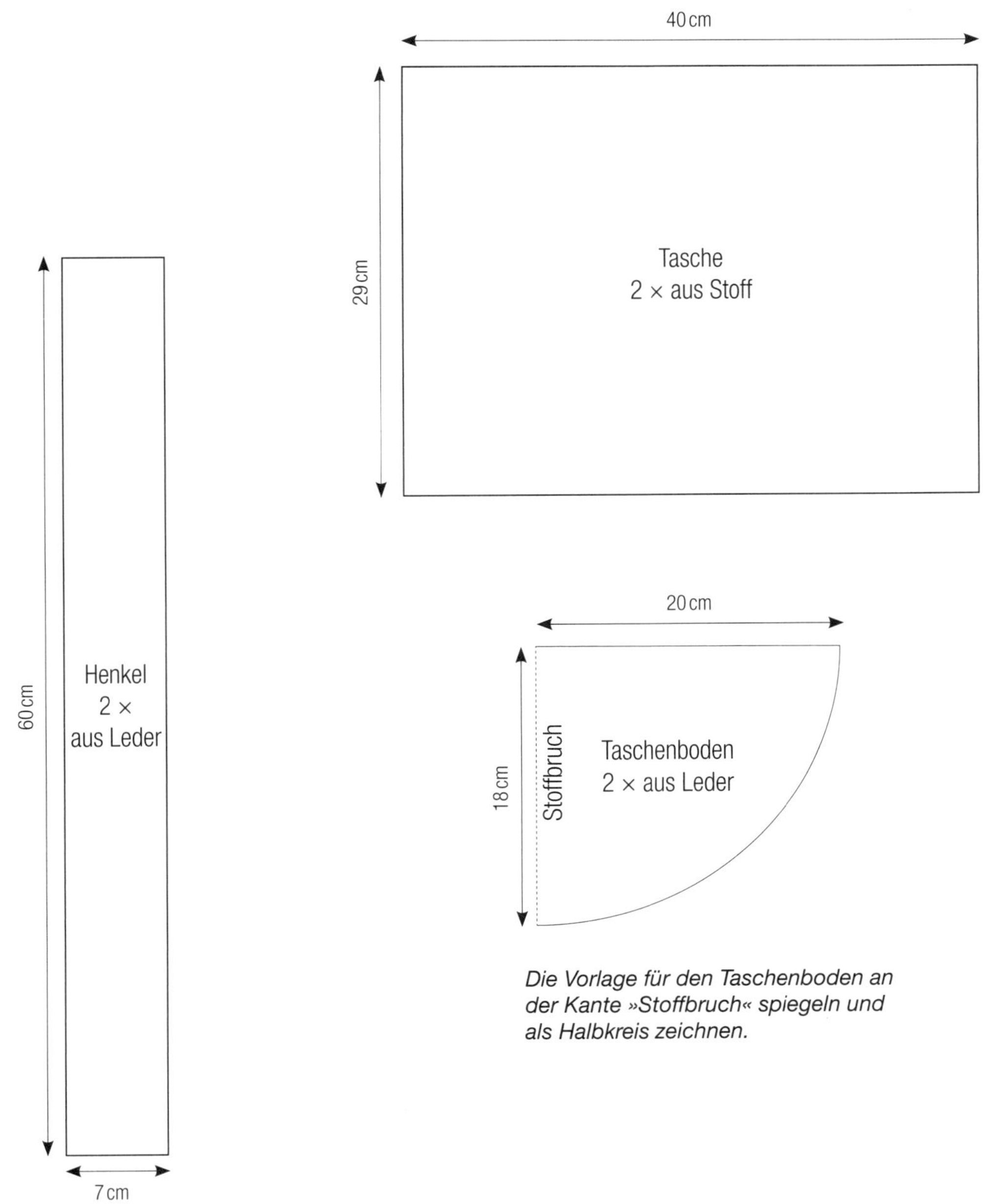

Die Vorlage für den Taschenboden an der Kante »Stoffbruch« spiegeln und als Halbkreis zeichnen.

ANLEITUNG

1. Das Schnittmuster für den Taschenboden zeichnen **(A),** auf das Leder übertragen und die beiden Teile zuschneiden. Nach dem Schnittmuster die Maße von Hauptteil und Henkeln auf Stoff beziehungsweise Leder übertragen und in der angegebenen Anzahl zuschneiden.
2. Die Kanten der beiden Stoffteile versäubern **(B).**
3. Die beiden Vorderteile aus Stoff und Leder rechts auf rechts aufeinanderlegen.
4. Die Teilungsnaht der Vorderseite schließen **(D).** Die Teilungsnaht der Rückseite entsprechend schließen.
5. Rückseite und Vorderseite rechts auf rechts aufeinanderlegen und nur im Stoffbereich feststecken.
6. Die Vorderseite und die Rückseite zusammennähen.
7. Die Nahtzugaben an den Rundungen zurückschneiden **(M).**
8. Den Saum der Eingriffkante umlegen und bügeln: Zuerst 1 cm, dann 2 cm umlegen **(F)** und bügeln **(E).**
9. Die Eingriffkante säumen **(F).**
10. Die Henkel anfertigen **(O).**
11. Die Henkel auf der Tasche positionieren: 7 cm von der Eingriffkante und je 8 cm von den Seitenkanten entfernt.
12. Die Henkel annähen **(Q).**

Mit gekauften Henkeln ist diese Tasche sehr leicht anzufertigen.

Krims-
kramstasche

(Abbildung siehe Seite 9)

SCHWIERIGKEITSGRAD

Mit etwas Übung einfach

MATERIAL

Bunt gemusterter Double Gauze als Oberstoff,
40 × 110 cm
Rosa Double Gauze mit bunten Punkten
als Futterstoff, 30 × 110 cm
Beige Kordel, 1 cm Ø, 140 cm lang
Passendes Nähgarn

FERTIGE MASSE

Breite: 24 cm
Höhe: 15 cm
Tiefe: 5 cm

SCHNITTMUSTER

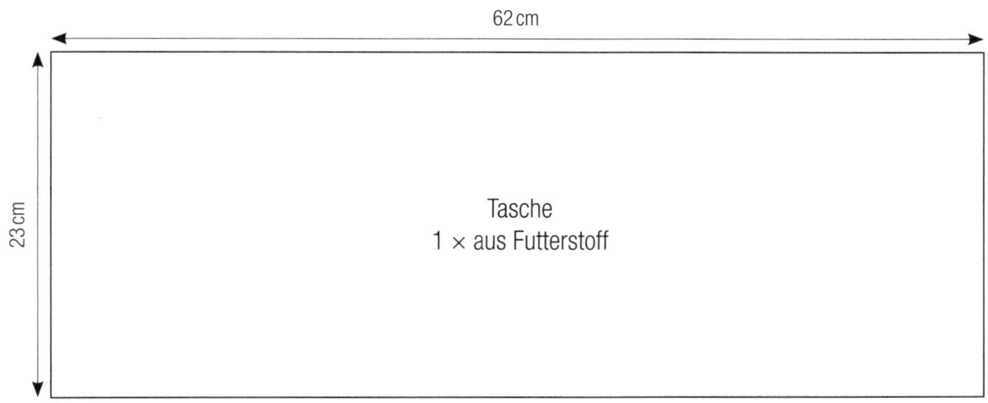

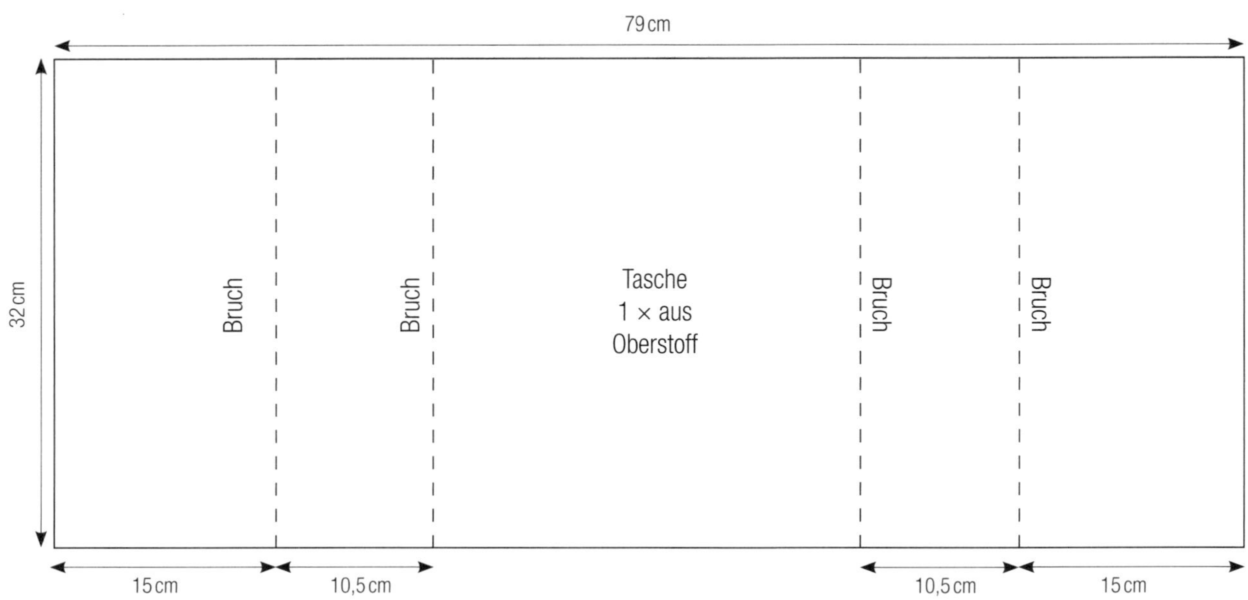

ANLEITUNG

1. Die Schnittteile aus Oberstoff und Futterstoff nach den im Schnittmuster angegebenen Maßen zuschneiden.
2. Die Schnittteile versäubern **(B).**
3. Den Oberstoff nach dem Schnittmuster an den Bruchlinien in Falten legen und so die äußeren Eingrifftaschen bilden.
4. Im Abstand von 7 cm, 9 cm, 9 cm und 7 cm Linien ziehen (siehe Zeichnung).
5. Die Tasche an den Linien abnähen, dabei Nahtanfang und Nahtende verriegeln **(C).**
6. Die Oberstofftasche rechts auf rechts falten und die Seitennähte stecken.
7. Die Seitennähte schließen **(D).**
8. Die seitlichen Bodenkanten bilden und über 5 cm abnähen **(S).**
9. Die Futtertasche rechts auf rechts falten und die Seitennähte stecken.
10. Die Seitennähte der Futtertasche schließen **(D).**
11. Die seitlichen Bodenkanten der Futtertasche bilden und über 5 cm abnähen **(S).**
12. Die Oberkante der Futtertasche zuerst 1 cm, dann 2 cm umschlagen und bügeln **(F).**
13. Die Futtertasche links auf links in die Oberstofftasche schieben.
14. Die Seitennähte aneinander ausrichten und den Saum der Futtertasche auf die Außenseite der Oberstofftasche schlagen.
15. Die Saumkante absteppen und an den Seiten jeweils 2 cm Naht offen lassen.
16. Die Kordel halbieren und eine Hälfte in den vorderen, die andere Hälfte in den hinteren Tunnel einziehen.
17. In die Kordelenden Knoten machen.

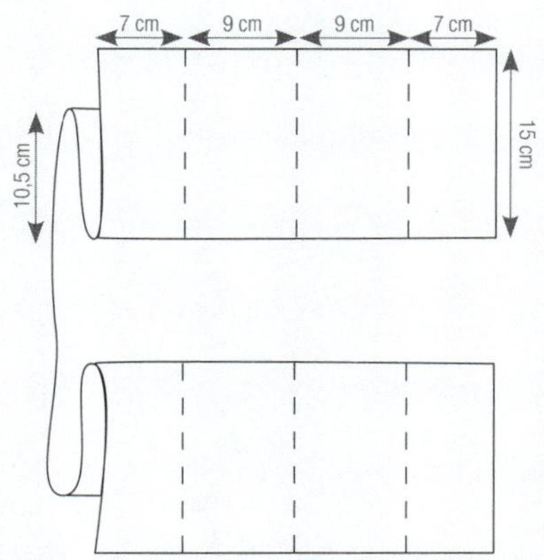
7 cm
9 cm
9 cm
7 cm
10,5 cm
15 cm

5
15
24 cm
16
15 cm
7
8

Goldglanz-Clutch

(Abbildungen siehe Seite 10–11)

SCHWIERIGKEITSGRAD

Einfach

MATERIAL

Beschichteter goldfarbener Stoff, 50 × 110 cm
Türkisblaues Leder, 15 × 35 cm
2 Paar Magnetverschlüsse zum Einnähen (optional)
Passendes Nähgarn

FERTIGE MASSE

Breite: 31 cm
Höhe: 17 cm
Tiefe: 5 cm

SCHNITTMUSTER

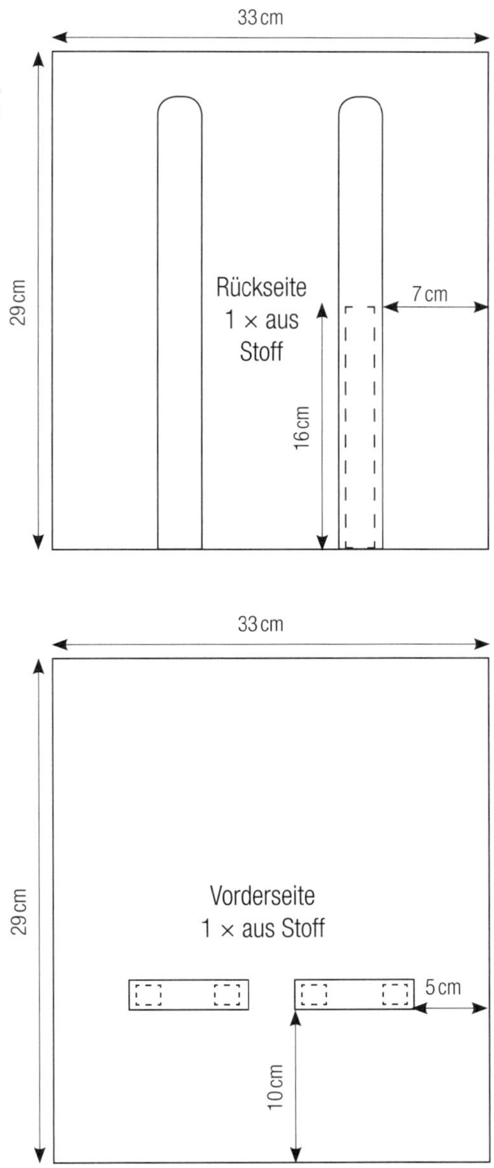

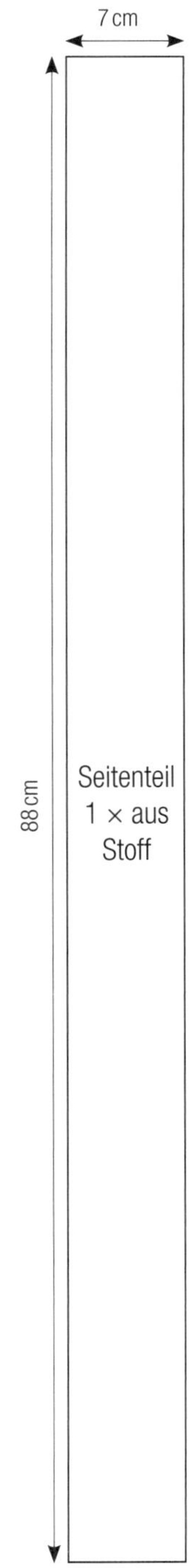

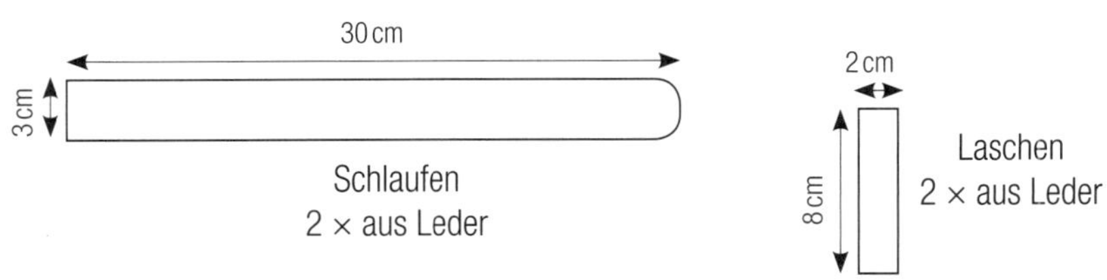

ANLEITUNG

1. Nach dem Schnittmuster die Maße auf Stoff beziehungsweise Leder übertragen und die angegebene Anzahl an Teilen zuschneiden.
2. Die Kanten der Stoffteile versäubern **(B).**
3. Die Schlaufen auf das eine und die Laschen auf das andere Stoffteil nähen **(G),** siehe Schnittmuster.
4. Das Seitenteil an einer Längskante rechts auf rechts an ein Rechteck nähen: an die Seitenkante, die Unterkante und an die andere Seitenkante des Rechtecks **(D).** Die andere Kante des Seitenteils in gleicher Weise an das zweite Rechteck nähen.
5. Die Nahtzugaben an den Ecken zurückschneiden **(M).**
6. Den Saum der Eingriffkante zuerst 1 cm, dann 2 cm umlegen und bügeln **(F).**
7. Die Eingriffkante säumen **(F).**

Als Verschluss können Sie Magnetverschlüsse an die Tasche und die Laschenenden nähen.

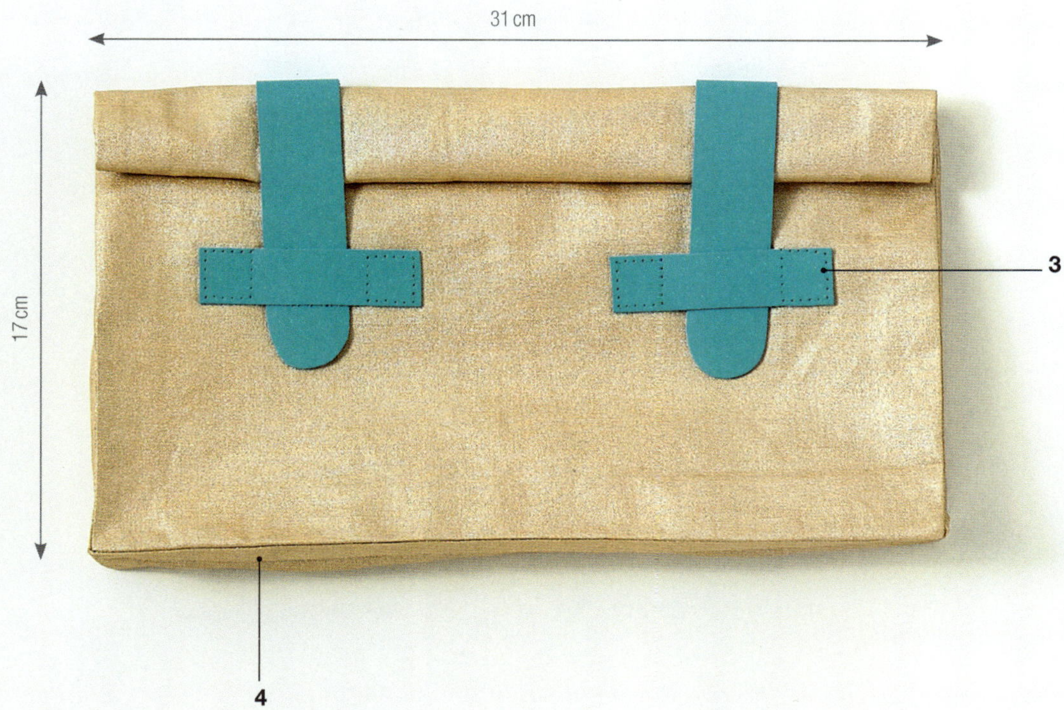

Tragetasche in Pastell

(Abbildungen siehe Seite 12–13)

SCHWIERIGKEITSGRAD

Einfach

MATERIAL

Mintgrüner Leinenstoff, 40 × 110 cm
Bügeleinlage, 40 × 110 cm
Goldfarbenes Leder, 40 × 100 cm
Passendes Nähgarn

FERTIGE MASSE

Breite: 36 cm
Höhe: 39 cm
Trägerlänge: 22 cm

SCHNITTMUSTER

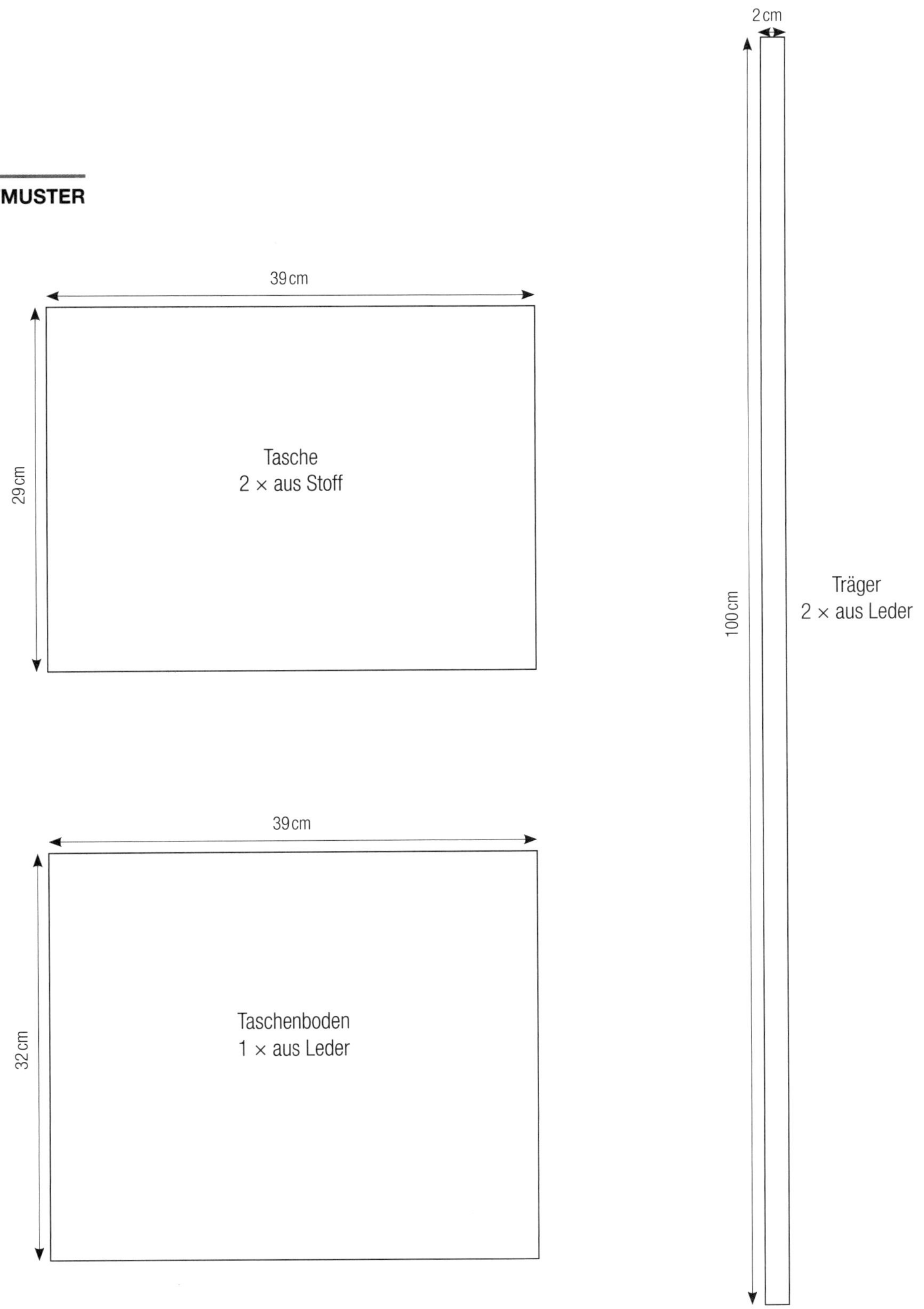

ANLEITUNG

1. Nach dem Schnittmuster die Maße auf Stoff, Bügeleinlage und Leder übertragen und die angegebene Anzahl an Teilen zuschneiden.
2. Einlage auf die Stoffteile bügeln **(N).**
3. Die Kanten der Stoffteile versäubern **(B).**
4. Die Lederträger je 9 cm von den Seitenkanten entfernt auf die Stoffteile nähen **(G),** an der Oberkante 8 cm frei lassen.
5. Das Vorderteil aus Stoff und den Lederboden rechts auf rechts aufeinanderlegen.
6. Die Teilungsnaht der Vorderseite schließen **(D).**
7. Das zweite Stoffrechteck in gleicher Weise an die gegenüberliegende Kante des Taschenbodens nähen.
8. Die Tasche rechts auf rechts zur Hälfte legen und an den Seitennähten nur im Stoffbereich feststecken.
9. Die Seitennähte schließen.
10. Die Nahtzugaben an den Ecken zurückschneiden **(M).**
11. Den Saum der Eingriffkante zuerst 1 cm, dann 2 cm umlegen und bügeln **(F).**
12. Die Eingriffkante säumen **(F).**

22 cm
12
9
4
39 cm
6
10
36 cm

1 Schnitt – 2 Modelle

(Abbildungen siehe Seite 14–15)

SCHWIERIGKEITSGRAD

Mit etwas Übung einfach

MATERIAL

Weißes Kunstleder, 60 × 50 cm
Goldfarbenes Kunstleder, 60 × 50 cm
Reißverschluss, 50 cm lang
3 D-Ringe, 2,5 cm Ø
2 Karabinerhaken
Goldfarbene Kette, 135 cm lang
Passendes Nähgarn

FERTIGE MASSE

Breite: 34 cm
Höhe: 48 cm

SCHNITTMUSTER

Ein Rechteck mit 30 cm und 36 cm Kantenlänge zeichnen und an der Oberkante einen Halbkreis mit 20 cm Radius anfügen.

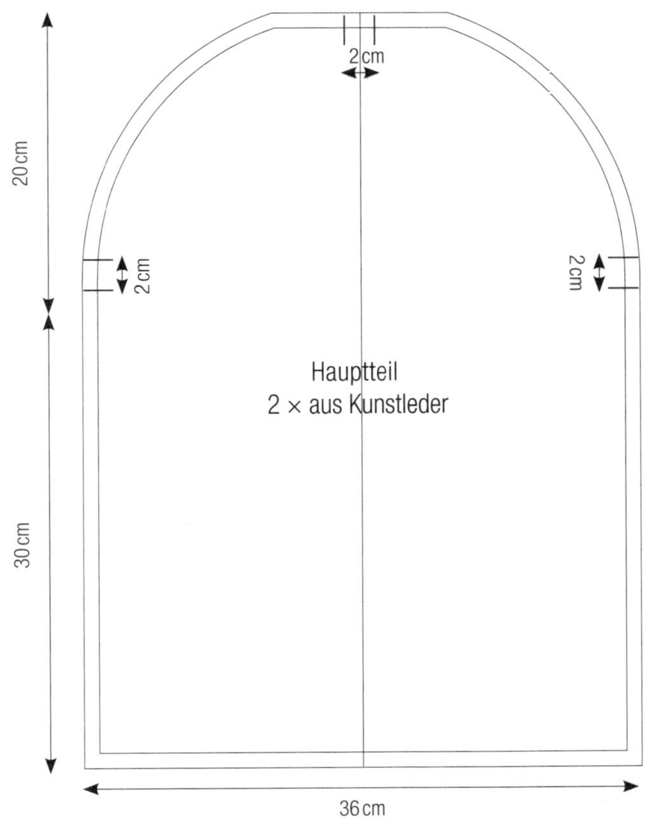

ANLEITUNG

1. Das Schnittmuster zeichnen **(A),** auf das weiße und das goldfarbene Kunstleder übertragen und die Teile zuschneiden.
2. Je eine Schlaufe in einen D-Ring ziehen, zur Hälfte falten und mit 5 mm Kantenabstand abnähen.
3. Eine Reißverschlussseite mittig rechts auf rechts an die Bogenmitte des weißen Kunstlederteils stecken **(K),** die Reißverschlussseite (im Bereich der Nahtzugabe) an beiden Seiten des Bogens feststecken. An der Bogenmitte eine Schlaufe mit D-Ring zwischen Kunstleder und Reißverschluss schieben.
4. Heften (in der Nahtzugabe) und die Stecknadeln herausziehen **(K).**
5. Die Reißverschlussseite annähen, dabei am Anfang und Ende 1 cm Reißverschluss lose lassen.
6. Die andere Reißverschlussseite an das goldfarbene Kunstleder nähen, dabei am Anfang und Ende 1 cm Reißverschluss lose lassen.
7. Die beiden Taschenteile rechts auf rechts aufeinanderlegen.
8. Die beiden Schlaufen mit D-Ringen zwischen die beiden Lagen schieben, wie im Schnittmuster angegebenen.
9. Die Seitennähte und die Bodennaht schließen **(D, L).**
10. Die Nahtzugabe an den Ecken zurückschneiden **(M)** und die Tasche wenden.
11. Die Kette durch den D-Ring am Tascheneingriff ziehen und die Karabinerhaken an den Kettenenden befestigen.
12. Die Karabinerhaken in die D-Ringe seitlich an der Tasche einhaken.

Aus dem Rucksack wird eine schicke Abendtasche: Die Kette aus dem oberen D-Ring herausziehen, als Henkel verwenden und die Rundung als Klappe umschlagen.

Edle Tragetasche

(Abbildung siehe Seite 16)

SCHWIERIGKEITSGRAD

Mit etwas Übung einfach

MATERIAL

Naturweißer schwerer Leinenstoff, 60 × 110 cm
Schwarzes Kunstleder, 35 × 110 cm
Reißverschluss, 45 cm lang
Schwarzes Einfassband, 1 m lang (optional)
Passendes Nähgarn

FERTIGE MASSE

Breite: 45 cm
Höhe: 45 cm

SCHNITTMUSTER

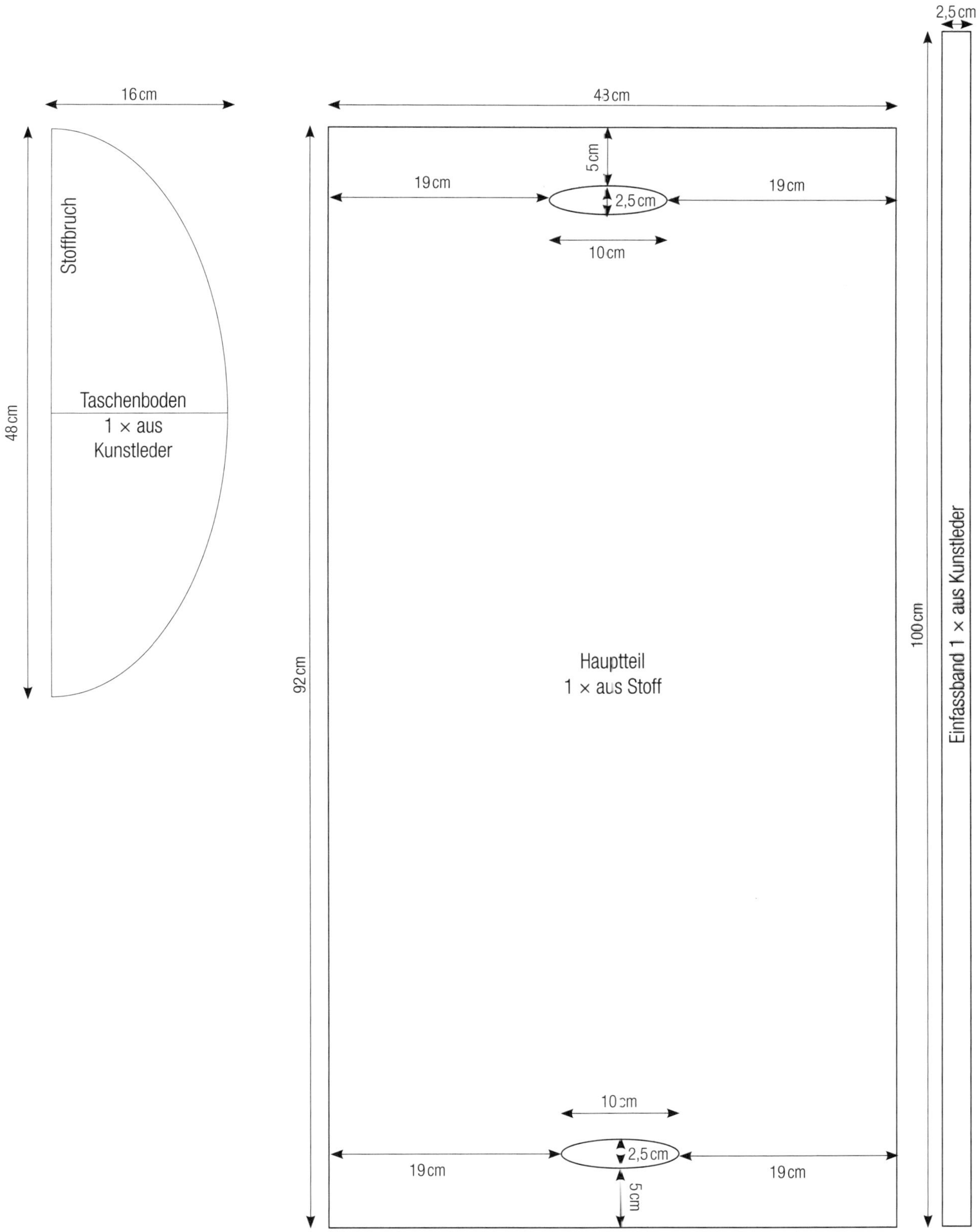

ANLEITUNG

1. Das Schnittmuster für den Taschenboden zeichnen **(A),** auf das Kunstleder übertragen und den Taschenboden zuschneiden. Nach dem Schnittmuster die Maße von Hauptteil und Einfassband auf Stoff beziehungsweise Kunstleder übertragen und in der angegebenen Anzahl zuschneiden. Das Einfassband im Fadenlauf zuschneiden.
2. Das Hauptteil versäubern **(B).**
3. Für die Tascheneingriffe nach dem Schnittmuster Ovale aus dem Hauptteil schneiden.
4. Das Einfassband der Länge nach zur Hälfte legen und bügeln.
5. Das Einfassband mit offener Kante um die Kanten der Ovale legen und feststeppen **(J).**
6. Den Kunstlederboden mittig auf die Tasche legen, die linke Kunstlederseite auf die rechte Stoffseite.
7. Den Kunstlederboden aufnähen **(G).**
8. Den Reißverschluss einnähen **(K).**
9. Die Seitennähte rechts auf rechts stecken, dabei die Nahtzugaben des Reißverschlusses nach unten schieben **(L).**
10. Die Seitennähte schließen **(D).**
11. Die Nahtzugaben an den Ecken zurückschneiden **(M).**

8
3
5
10
7
45 cm
45 cm

Reisetasche

(Abbildung siehe Seite 17)

SCHWIERIGKEITSGRAD

Mittelschwer

MATERIAL

Matt beschichteter schwarzer Stoff, 75 × 140 cm
Bügeleinlage, 75 × 140 cm
Leder, 20 × 75 cm
2-Wege-Reißverschluss, 60 cm lang
8 Nieten, 6 mm Ø
Passendes Nähgarn

FERTIGE MASSE

Breite: 60 cm
Höhe: 29 cm
Tiefe: 29 cm
Henkellänge: 20 cm

SCHNITTMUSTER

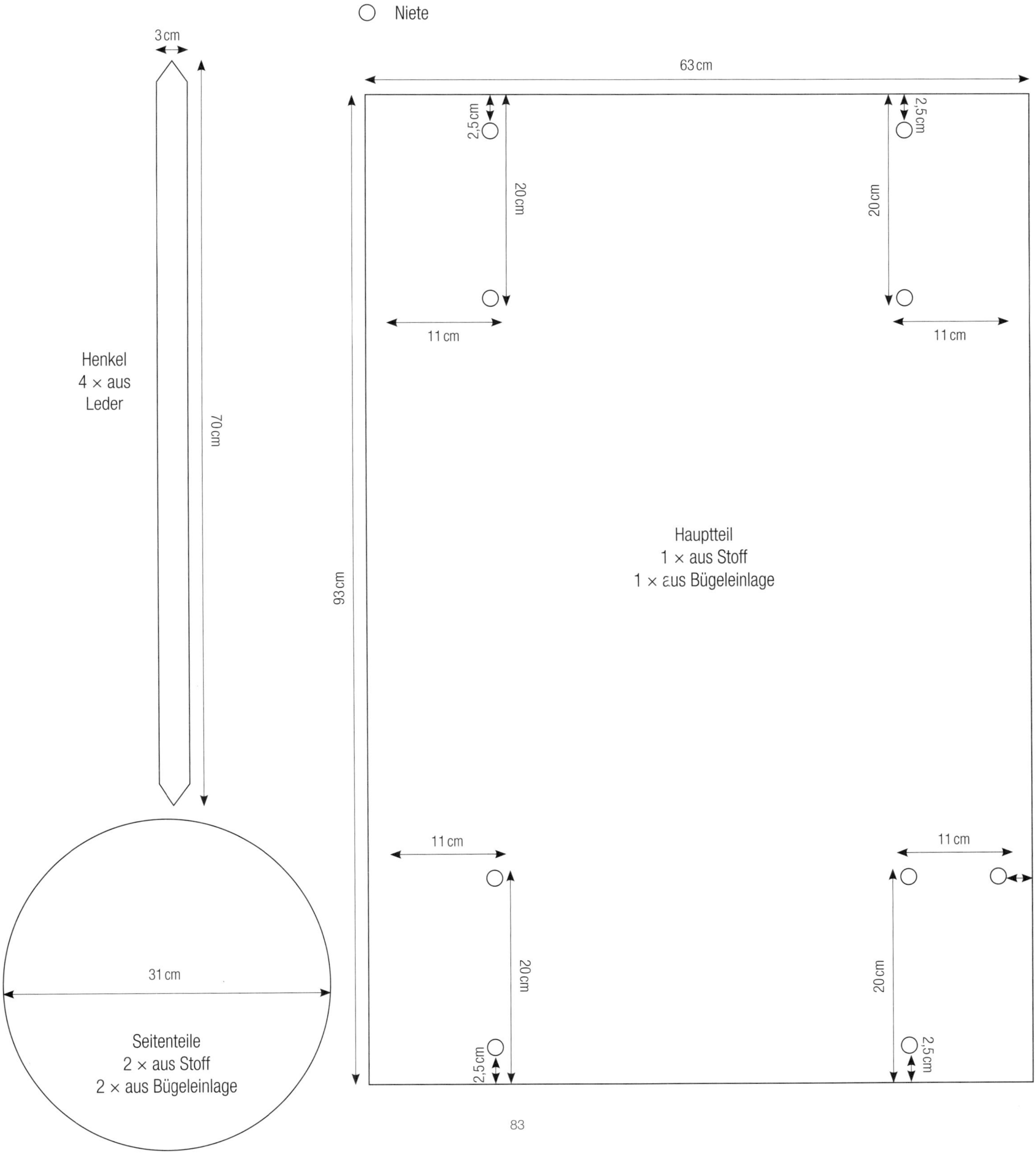

ANLEITUNG

1. Nach dem Schnittmuster die Maße auf Stoff, Bügeleinlage und Leder übertragen und die angegebene Anzahl an Teilen zuschneiden. Die Position der Nieten mit Schneiderkreide markieren.
2. Einlage auf die Stoffteile bügeln **(N).**
3. Die Stoffteile versäubern **(B).**
4. Den Reißverschluss an das Hauptteil nähen **(K).**
5. Die runden Seitenteile an beiden Seiten an das Hauptteil nähen **(T).**
6. Jeweils zwei Lederhenkel links auf links aneinandernähen.
7. Die Henkel an den Enden mit jeweils zwei Nieten an den im Schnittmuster angegebenen Positionen an der Tasche befestigen.

6
4
20 cm
7
5
60 cm

Schicker Rucksack

(Abbildungen siehe Seite 18–19)

SCHWIERIGKEITSGRAD

Einfach

MATERIAL

Naturleder, 60 × 80 cm
2 Mappenverschlüsse
2 D-Ringe, 3 cm Ø
2 Karabinerhaken
Goldfarbene Kette, 135 cm lang
Passendes Nähgarn

FERTIGE MASSE

Breite: 32 cm
Höhe: 39 cm

SCHNITTMUSTER

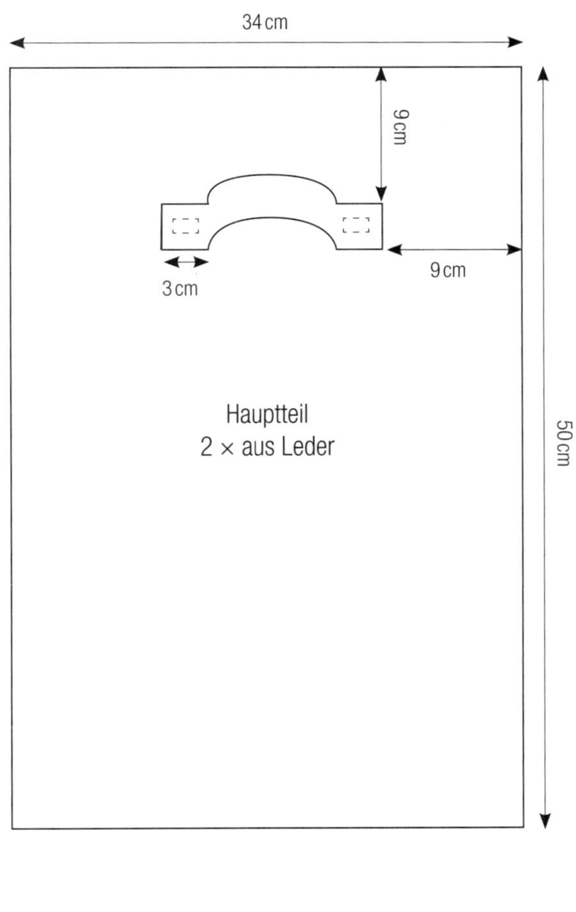

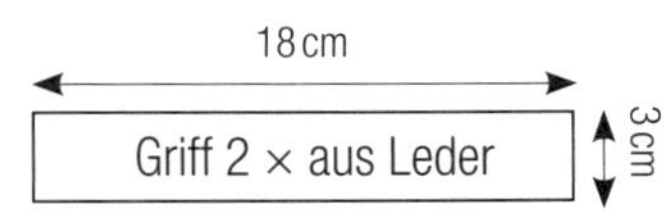

ANLEITUNG

1. Nach dem Schnittmuster die Maße auf das Leder übertragen und die angegebene Anzahl an Teilen zuschneiden.
2. Die beiden Griffteile links auf links aufeinandersteppen.
3. Den Griff wie im Schnittmuster angegeben **(G)** auf eines der beiden Hauptteile nähen.
4. Je eine Schlaufe in einen D-Ring ziehen, die Schlaufe links auf links zur Hälfte legen und mit 2 cm Kantenabstand absteppen.
5. Die beiden Hauptteile rechts auf rechts aufeinanderlegen.
6. An beiden Seiten 3 cm über der Unterkante bündig mit den Kanten je eine Schlaufe zwischen die beiden Lederlagen schieben.
7. Die Seitennähte und die Bodennaht schließen **(D).**
8. Die Nahtzugaben an den Ecken zurückschneiden **(M).**
9. Die Mappenverschlüsse 8 cm von den Seitennähten entfernt einsetzen.
10. Die Karabinerhaken an den Kettenenden befestigen.
11. Die Kette in den Griff einziehen und mit den Karabinerhaken in die D-Ringe einhaken.

Die Kettenlänge vor dem Befestigen der Karabinerhaken auf die gewünschte Länge anpassen.

Praktisches Etui

(Abbildungen siehe Seite 20–21)

SCHWIERIGKEITSGRAD

Mit etwas Übung einfach

MATERIAL

Weißer Baumwollstoff mit goldfarbenem Muster,
30 × 110 cm (1)
Weißer Baumwollstoff mit goldfarbenen Punkten,
25 × 110 cm (2)
Bügeleinlage, 50 × 110 cm
2 Reißverschlüsse, 15 cm lang
2 Reißverschlüsse, 20 cm lang
1 Paar Magnetverschlüsse zum Einnähen (optional)
Passendes Nähgarn

FERTIGE MASSE

Breite (aufgeschlagen): 40 cm
Höhe: 20 cm

SCHNITTMUSTER

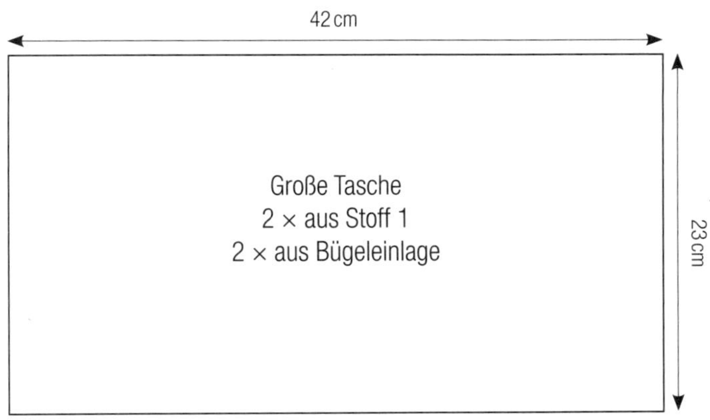

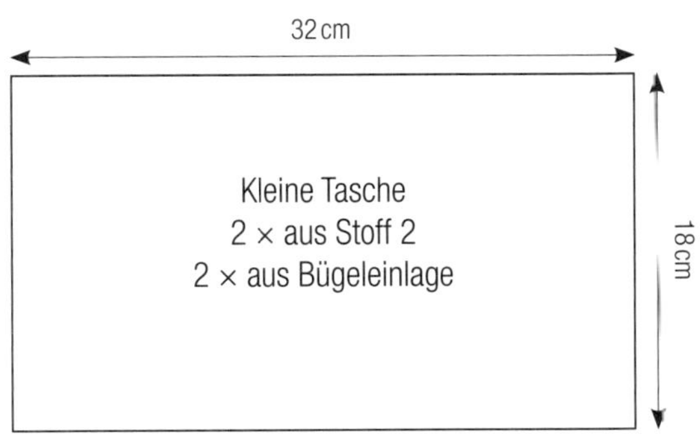

ANLEITUNG

1. Nach dem Schnittmuster die Maße auf Stoff und Bügeleinlage übertragen und die angegebene Anzahl an Teilen zuschneiden.
2. Einlage auf die Teile bügeln **(N).**
3. Die Kanten versäubern **(B).**
4. An beide Teile von Stoff 1 auf beiden Seiten einen Reißverschluss einnähen **(K).**
5. Die Ober- und Unterkanten rechts auf rechts stecken, dabei die Nahtzugaben des Reißverschlusses nach innen schieben **(L).**
6. Die Nähte schließen.
7. Die Nahtzugaben an den Ecken zurückschneiden **(M).**
8. Die Tasche wenden und bügeln **(E).**
9. Schritte 4 bis 8 mit Stoff 2 wiederholen.
10. Die kleine Tasche mittig auf die große Tasche legen.
11. Die kleine Tasche an der Mittellinie aufsteppen **(D),** dabei Nahtanfang und Nahtende gut verriegeln **(C).**

Als Verschluss für das Etui können Sie ein Magnetverschluss-paar einnähen.

Umschlagtasche

(Abbildung siehe Seite 22)

SCHWIERIGKEITSGRAD

Einfach

MATERIAL

Schwarzes Kunstleder, 50 × 110 cm
Bügeleinlage, 50 × 110 cm
1 Paar schwarze Kunstledergriffe, 38 cm lang
1 Drehverschluss
Passendes Nähgarn

FERTIGE MASSE

Breite: 36 cm
Höhe: 30 cm
Tiefe: 6 cm
Grifflänge: 10 cm

SCHNITTMUSTER

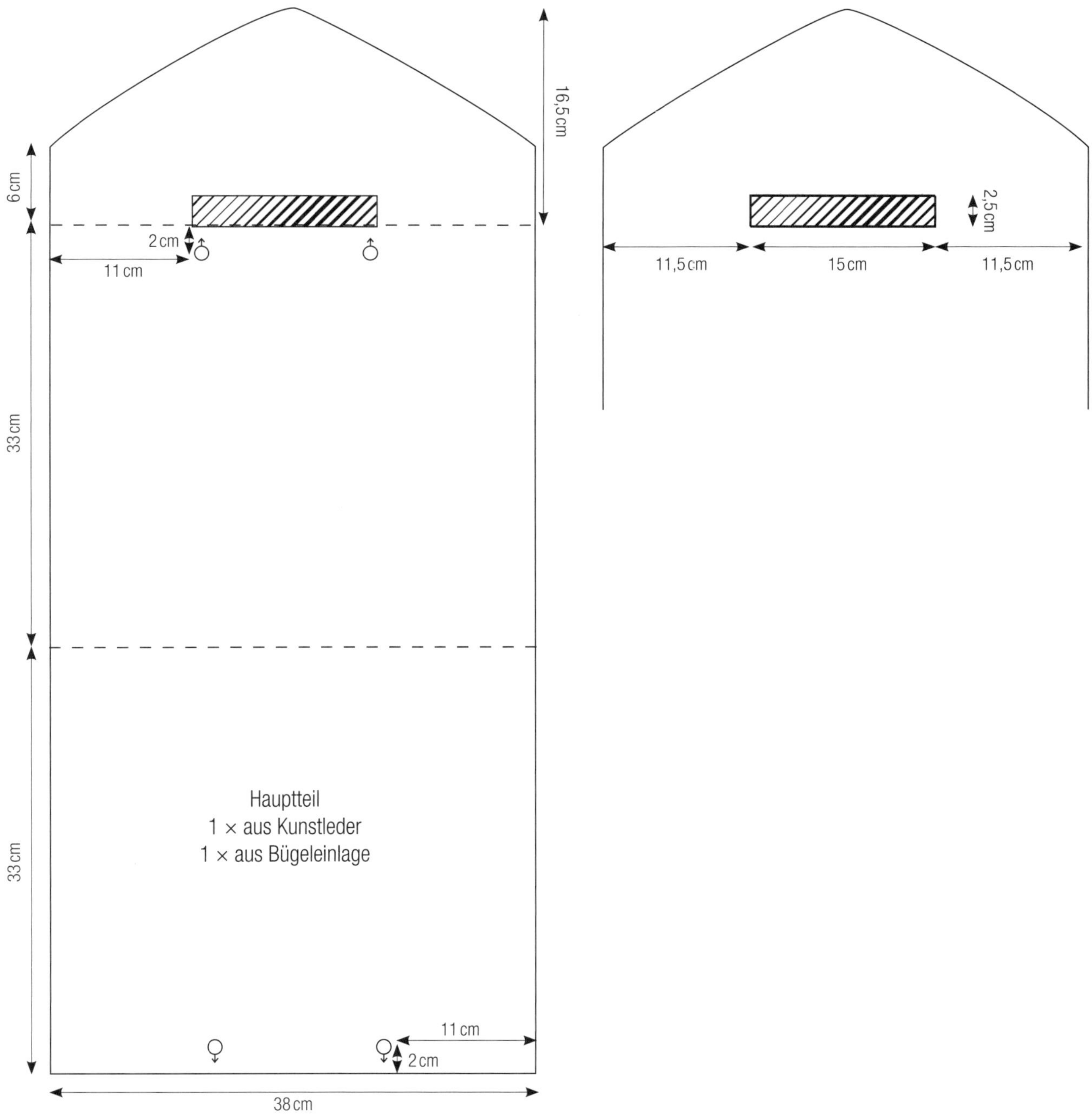

ANLEITUNG

1. Kunstleder und Bügeleinlage nach den angegebenen Maßen im Schnittmuster zuschneiden.
2. Die Einlage aufbügeln **(N).**
3. Den Schlitz in der Mitte nach dem Schnittmuster ausschneiden.
4. Die Griffe an die Tasche nähen **(Q),** Position siehe Schnittmuster.
5. Die Tasche an der unteren Bruchlinie rechts auf rechts falten.
6. Die Seitennähte schließen **(D).**
7. Die seitlichen Bodenkanten 6 cm lang abnähen **(S).**
8. Den Drehverschluss einsetzen.

3
10 cm
8
30 cm
6
7
36 cm

Runde Tragetasche

(Abbildung siehe Seite 23)

SCHWIERIGKEITSGRAD

Mit etwas Übung einfach

MATERIAL

Weißer Tyvek®, 100 × 160 cm
Goldfarbenes Kunstleder, 30 × 110 cm
Reißverschluss, 30 cm lang
Passendes Nähgarn

FERTIGE MASSE

Breite: 58 cm
Höhe: 54 cm
Trägerlänge: 29 cm

Tyvek® ist ein Vliesstoff aus Chemiefaser mit besonderen technischen Eigenschaften: wasserabweisend, reißfest, leicht und glatt, außerdem einfach zu nähen … Wie Stoff!

SCHNITTMUSTER

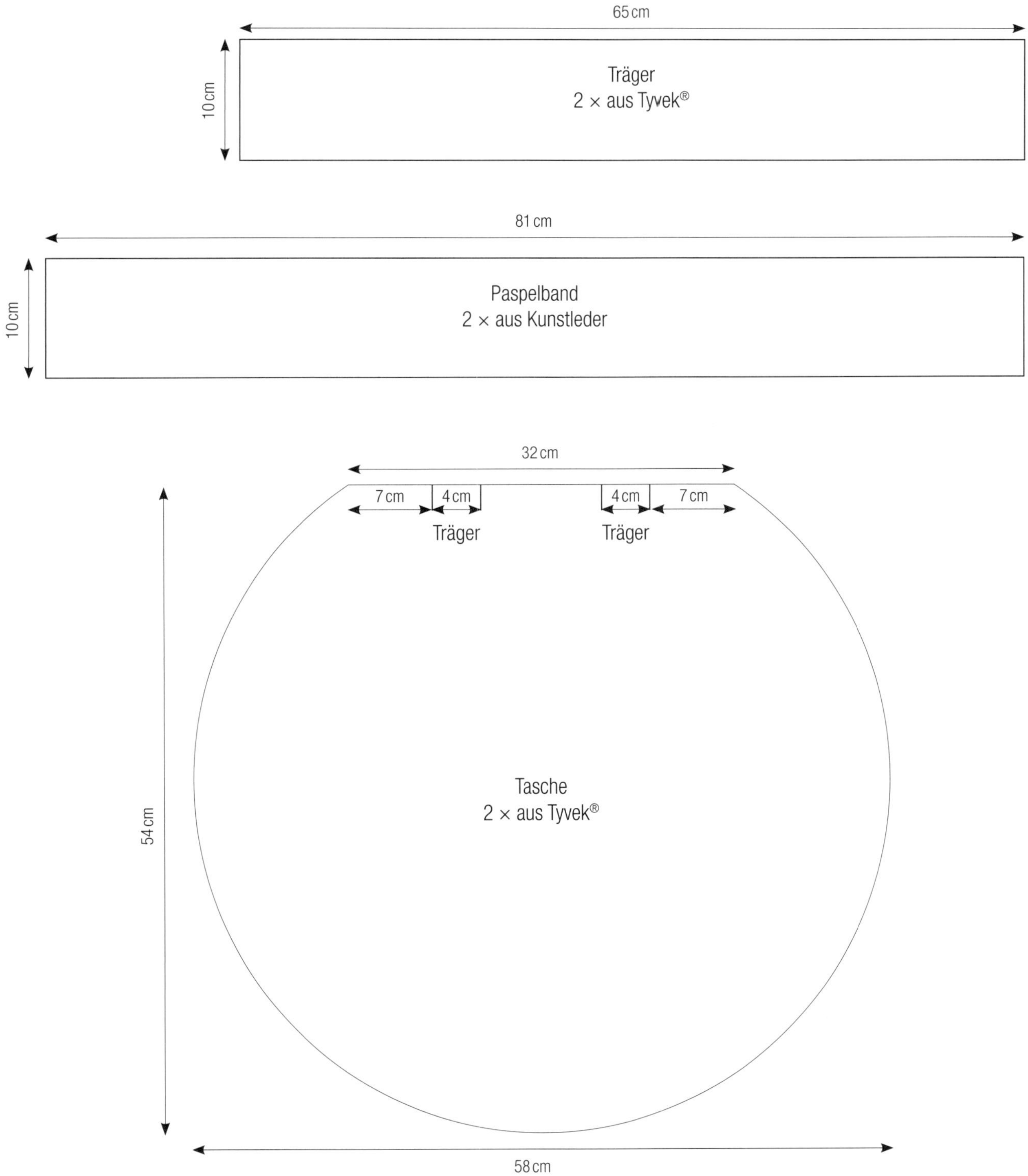

ANLEITUNG

1. Die Schnittteile nach dem Schnittmuster auf Tyvek® übertragen **(A)** und die Teile zuschneiden. Nach dem Schnittmuster die Maße der Träger und Paspelbänder auf Tyvek® beziehungsweise Kunstleder übertragen und in der angegebenen Anzahl zuschneiden.
2. Zwei Träger aus Tyvek® **(P)** fertigen.
3. Den Reißverschluss einnähen **(K),** dabei die Träger zwischen Tasche und Reißverschluss schieben (siehe Schnittmuster).
4. Die beiden Kunstlederbänder zu einem 160 cm langen Band stückeln.
5. Die Paspel herstellen **(H).**
6. Die beiden Taschenseiten rechts auf rechts aufeinanderlegen und die Paspel dazwischenschieben **(I).**
7. Die Naht rundherum schließen **(D).** Achtung: An den Reißverschlussenden tritt die Paspel hervor, diese Stellen sind besonders dick und daher schwierig zu nähen.

Die Paspel müssen Sie nicht selbst herstellen, sie wird im Handel angeboten. Sie benötigen 160 cm Paspel. Dann ist diese Tragetasche noch einfacher zu nähen!

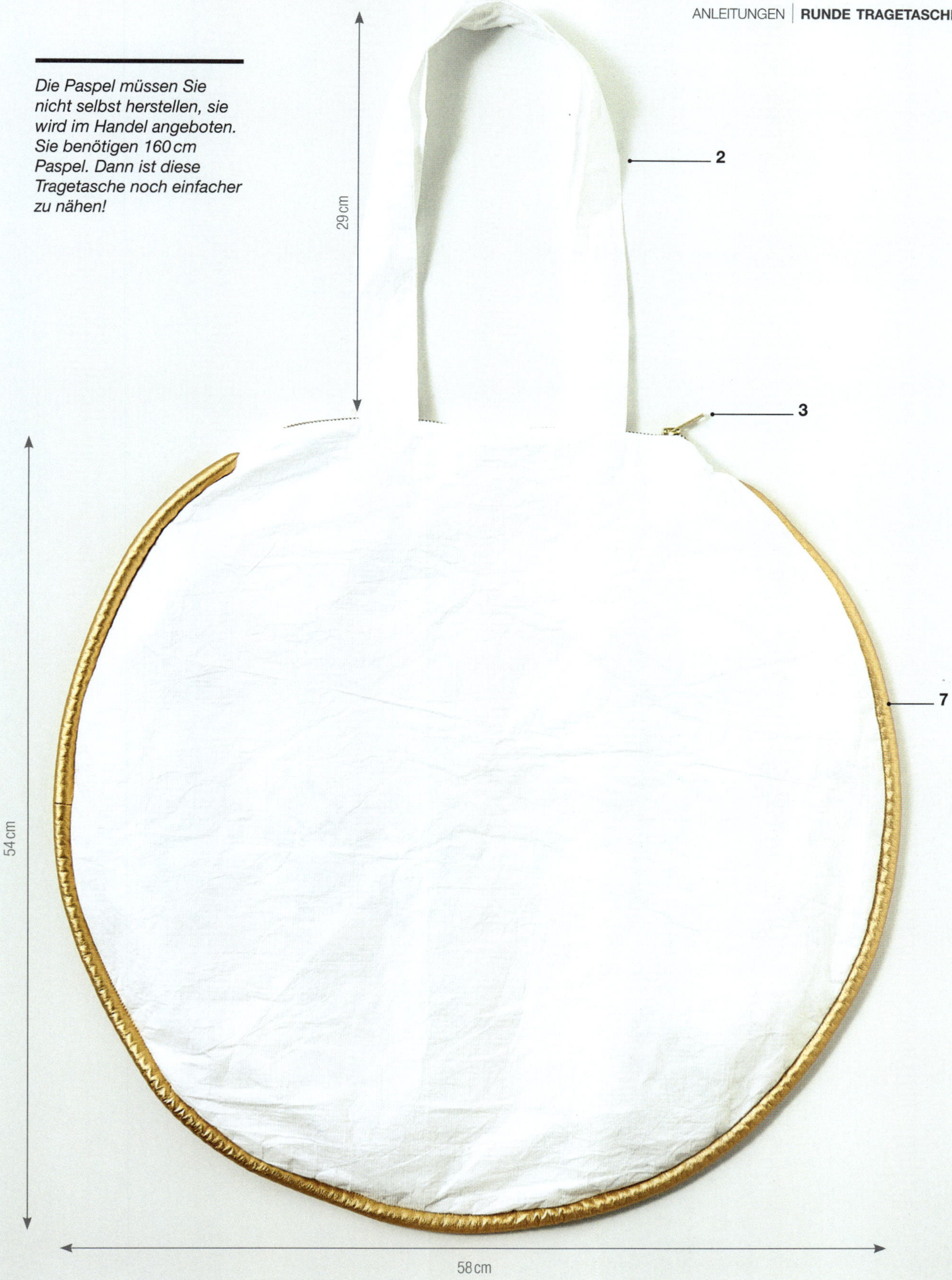

Clutch

(Abbildungen siehe Seite 24–25)

SCHWIERIGKEITSGRAD

Mit etwas Übung einfach

MATERIAL

Schwarz-weiß grafisch gemusterter Baumwollstoff, 25 × 110 cm
Bügeleinlage, 25 × 110 cm
Dunkles Naturleder, 20 × 40 cm
Reißverschluss, 35 cm lang
Passendes Nähgarn

FERTIGE MASSE

Breite: 35 cm
Höhe: 24 cm

SCHNITTMUSTER

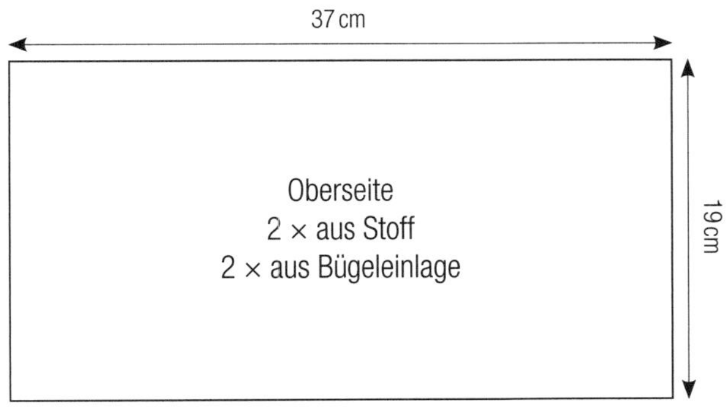

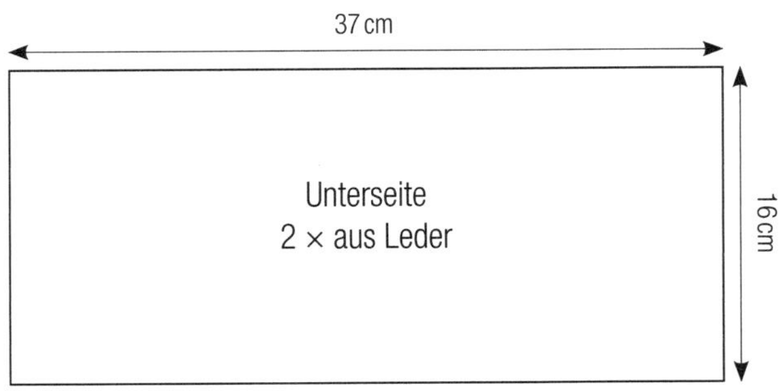

ANLEITUNG

1. Anhand des Schnittmusters die Maße auf Stoff, Bügeleinlage und Leder übertragen und die angegebene Anzahl an Teilen zuschneiden.
2. Einlage auf die Stoffteile bügeln **(N).**
3. Die Stoffteile versäubern **(B).**
4. Je ein Stoffteil und ein Lederteil rechts auf rechts aufeinanderlegen.
5. Die Teilungsnähte schließen **(D).**
6. Den Reißverschluss einnähen **(K).**
7. Die Tasche rechts auf rechts zur Hälfte legen und nur die Stoffteile an den Seitennähten feststecken.
8. Die Seitennähte schließen, die Nahtzugaben des Reißverschlusses dabei nach unten schieben **(L).**
9. Gegebenenfalls die Nahtzugaben an den Ecken zurückschneiden **(M).**

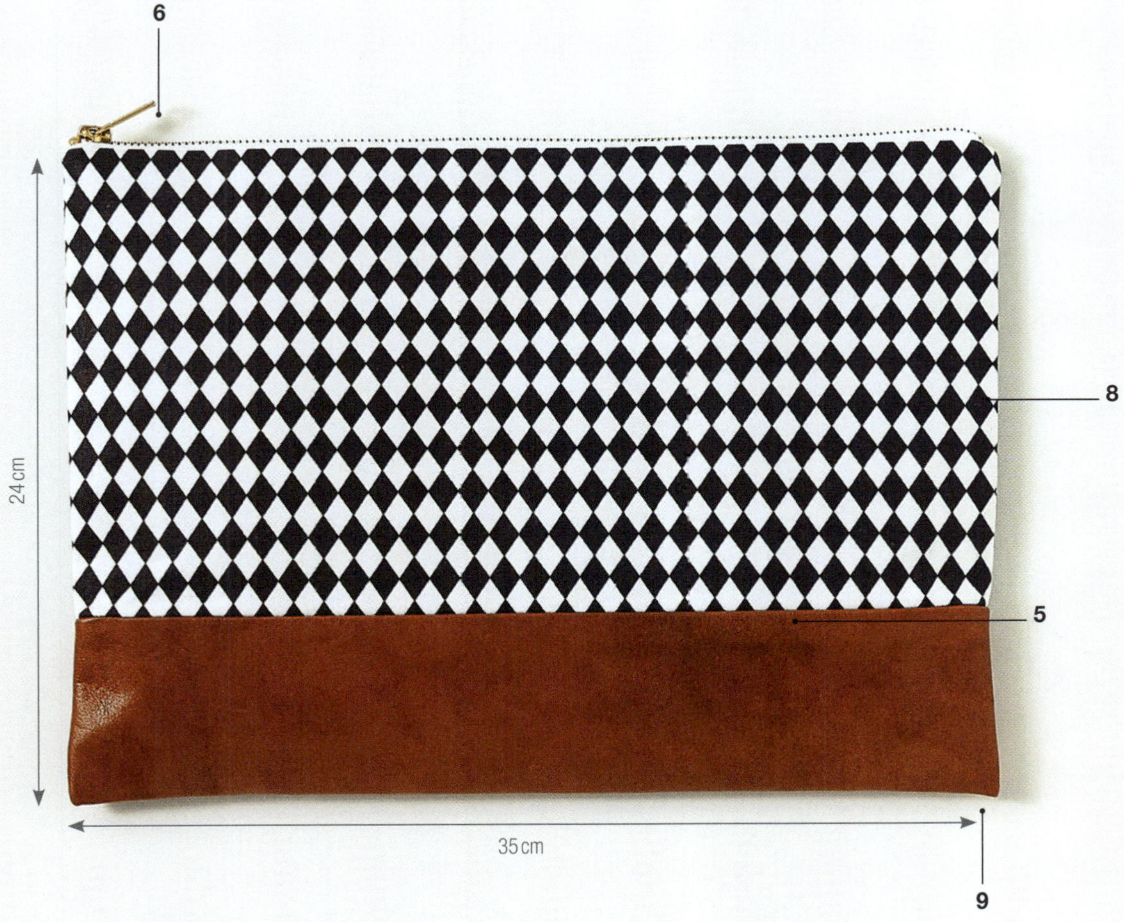
6
8
5
24 cm
35 cm
9

Grafik-Tragetasche

(Abbildung siehe Seite 26)

SCHWIERIGKEITSGRAD

Sehr einfach

MATERIAL

Schwarz-weiß grafisch gemusterter Baumwollstoff, 50 × 110 cm
Schwarzes Gurtband, 3 cm breit, 1 m lang
Passendes Nähgarn

FERTIGE MASSE

Breite: 40 cm
Höhe: 40 cm
Henkellänge: 16 cm

SCHNITTMUSTER

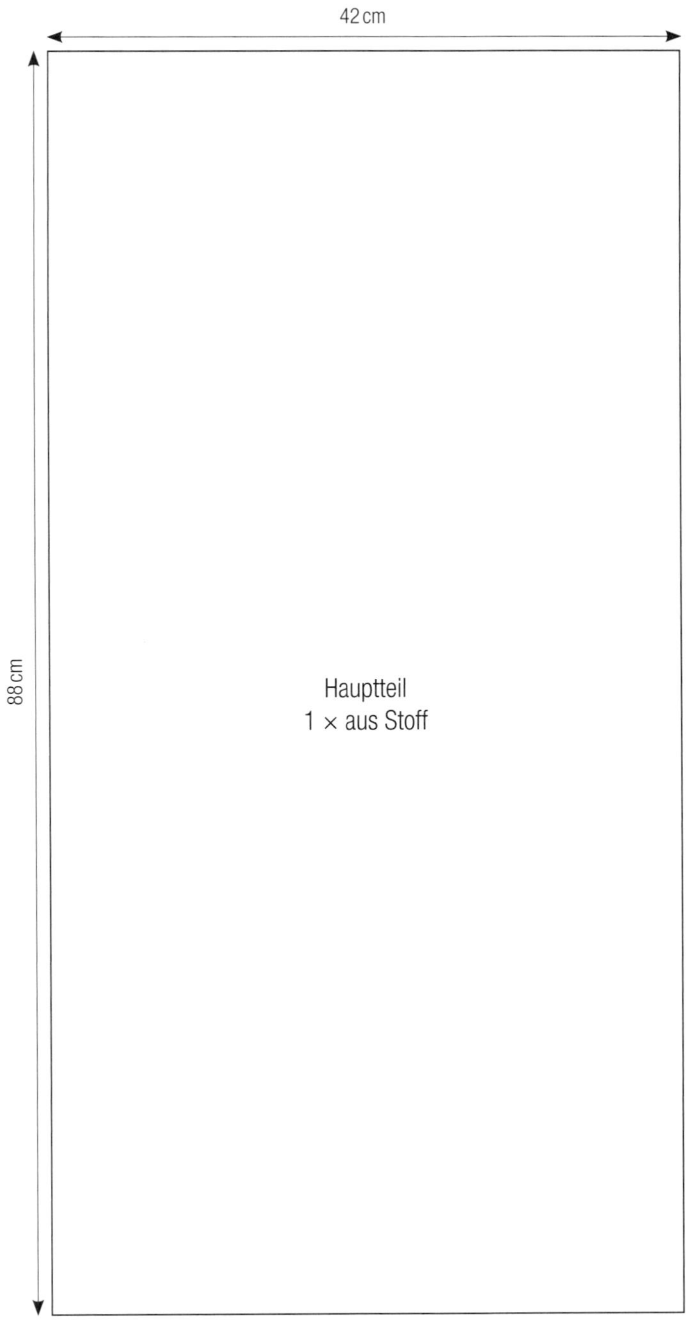

ANLEITUNG

1. Den Stoff nach den im Schnittmuster angegebenen Maßen zuschneiden.
2. Die Kanten versäubern **(B).**
3. Die Tasche rechts auf rechts zur Hälfte legen.
4. Die Seitennähte feststecken.
5. Die Seitennähte schließen **(D).**
6. Den Saum der Eingriffkante zuerst 1 cm und dann 3 cm umlegen und bügeln **(F).**
7. Das Gurtband halbieren.
8. Die Enden der Gurtbänder jeweils 8 cm von der Seitenkante entfernt in den Saum schieben **(R).**
9. Die Eingriffkante säumen **(F).**
10. Die Träger an der Eingriffkante feststeppen **(R).**

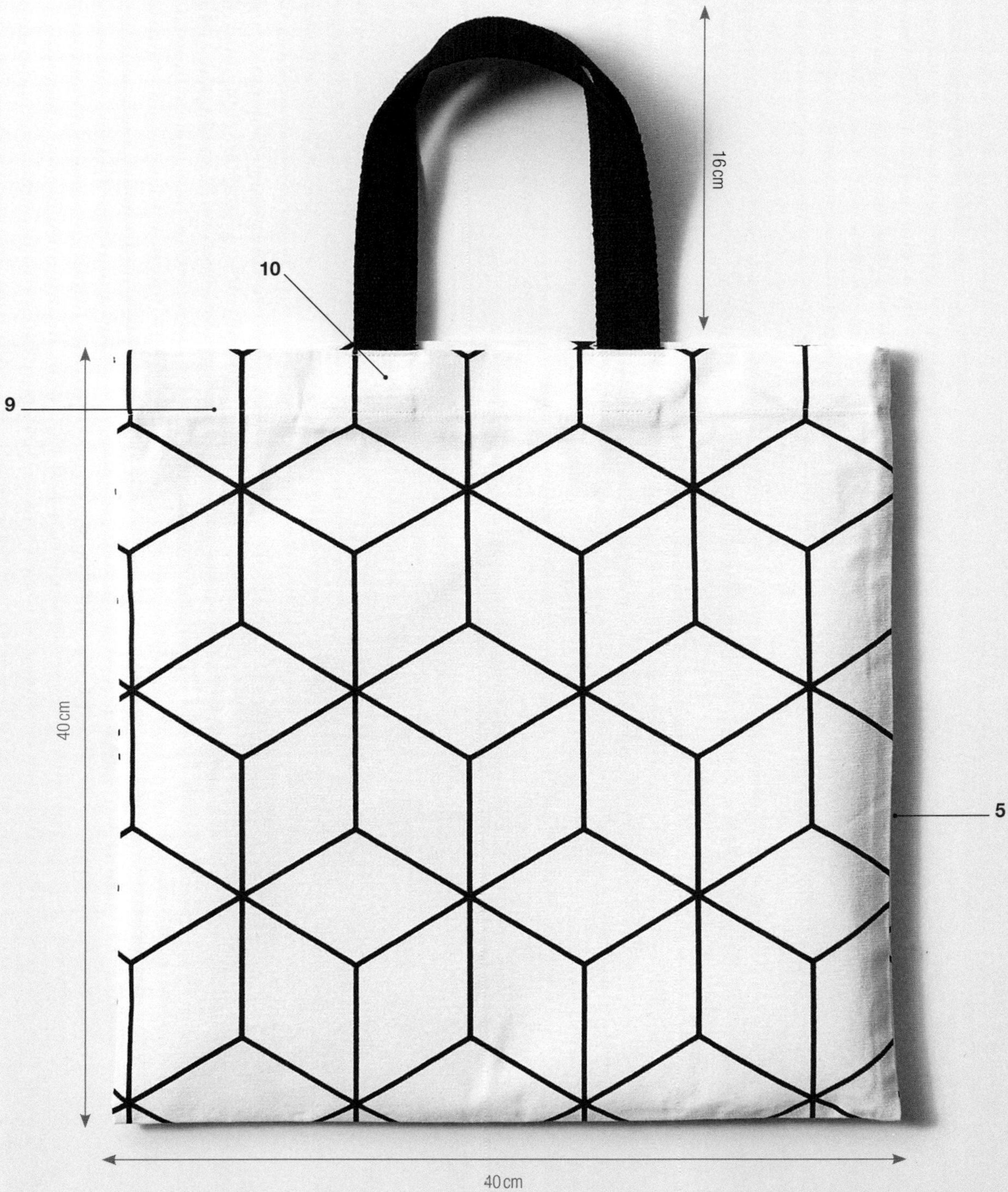
16 cm
10
9
40 cm
5
40 cm

Skandinavien-Tragetasche

(Abbildung siehe Seite 27)

SCHWIERIGKEITSGRAD

Sehr einfach

MATERIAL

Weißes Kunstleder, 50 × 110 cm
1 Paar Holzgriffe, 33 cm breit an der Unterkante
16 flach gewölbte Polsternägel
Passendes Nähgarn

FERTIGE MASSE

Breite oben: 33 cm
Breite unten: 43 cm
Höhe: 37,5 cm
Grifflänge: 19 cm

SCHNITTMUSTER

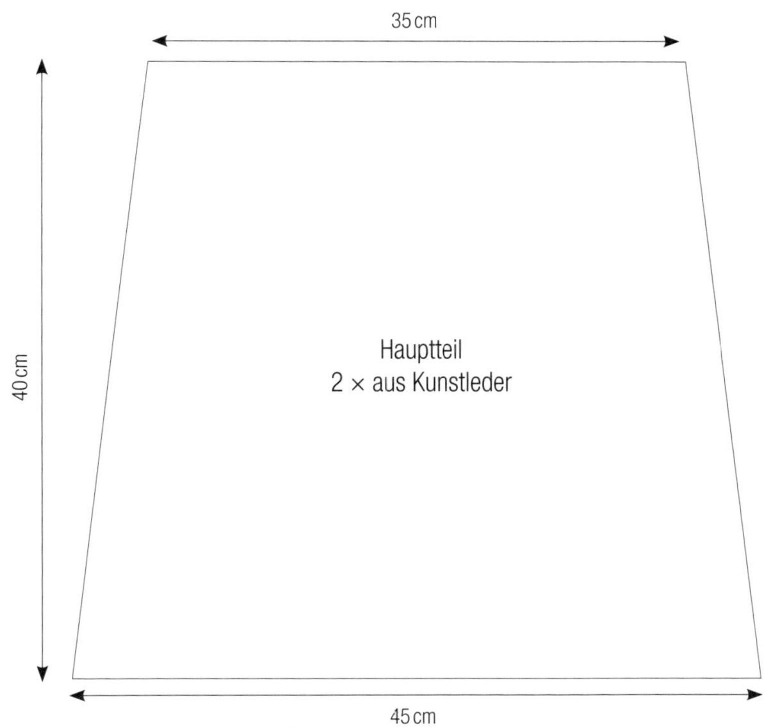

ANLEITUNG

1. Nach dem Schnittmuster die Maße auf das Kunstleder übertragen und die beiden Teile zuschneiden.
2. Die Teile rechts auf rechts aufeinanderlegen.
3. Die Seitennähte und die Bodennaht schließen **(D).**
4. Die Nahtzugaben an den Ecken zurückschneiden **(M).**
5. Die Tasche wenden und bügeln **(E).**
6. Die Eingriffkante an die Innenseite der Griffe legen und die Polsternägel einschlagen, dabei 5 cm von den Seitenkanten entfernt beginnen.

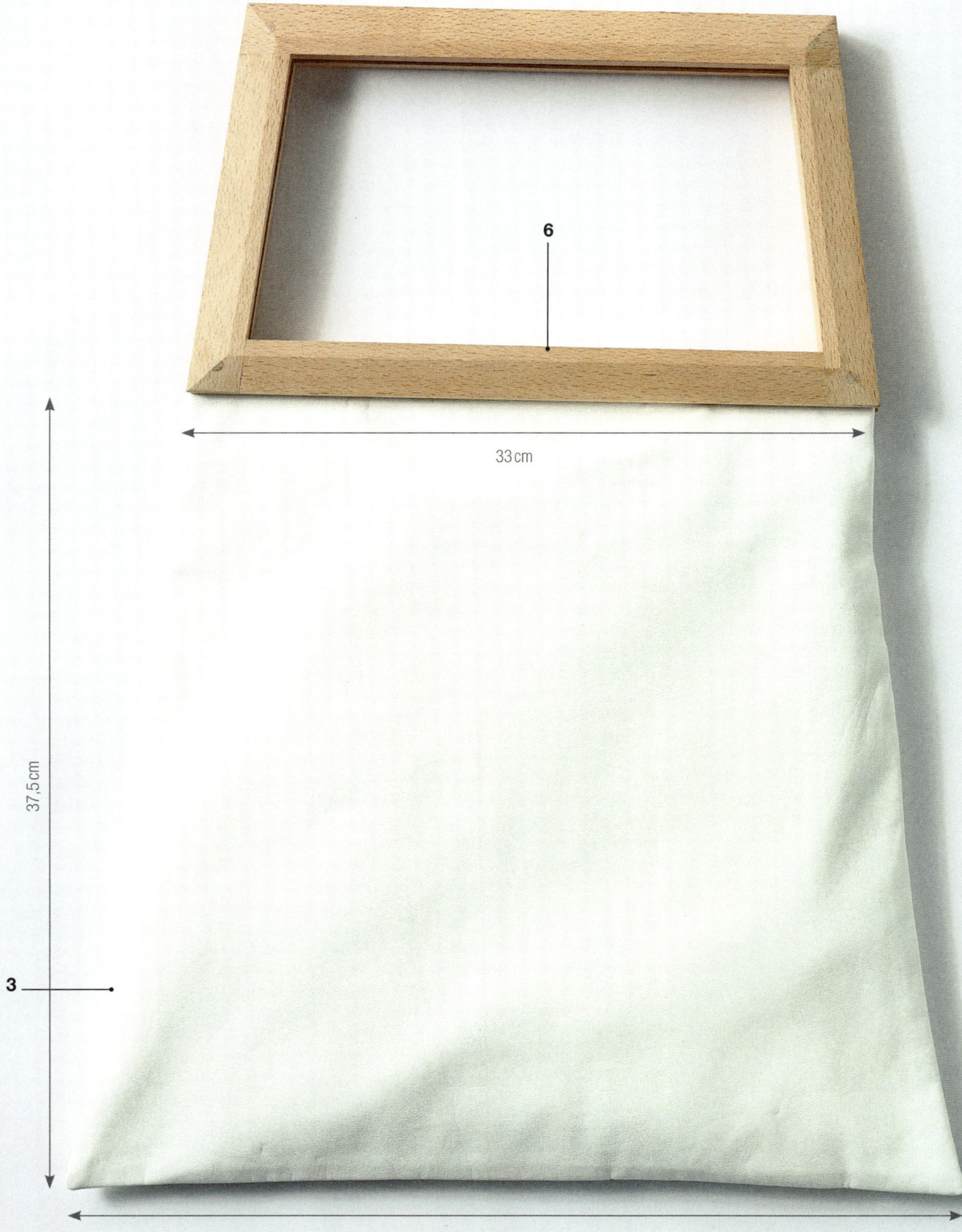
6
33 cm
37,5 cm
3
43 cm

Weekender

(Abbildungen siehe Seite 28–29)

SCHWIERIGKEITSGRAD

Mittelschwer

MATERIAL

Weißer Baumwollstoff mit Goldmuster, 80 × 120 cm
Bügeleinlage, 120 × 120 cm
Reißverschluss, 70 cm lang
1 Paar weiße Taschenhenkel aus Kunstleder, 58 cm lang
Paspel aus weißem Kunstleder, 3,5 m lang
Passendes Nähgarn

FERTIGE MASSE

Breite: 51 cm
Höhe: 36 cm
Tiefe: 11 cm
Henkellänge: 20 cm

SCHNITTMUSTER

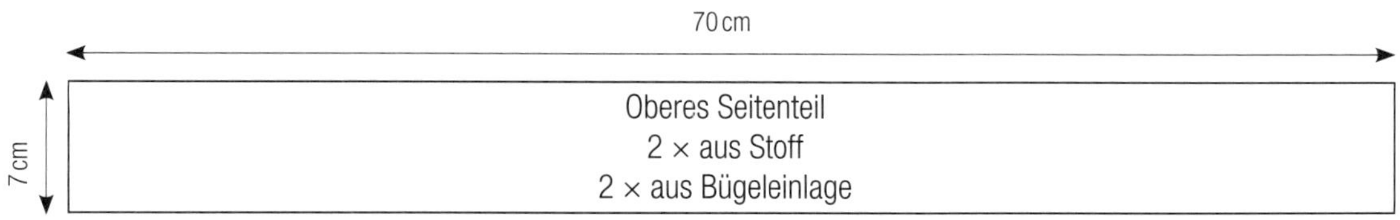

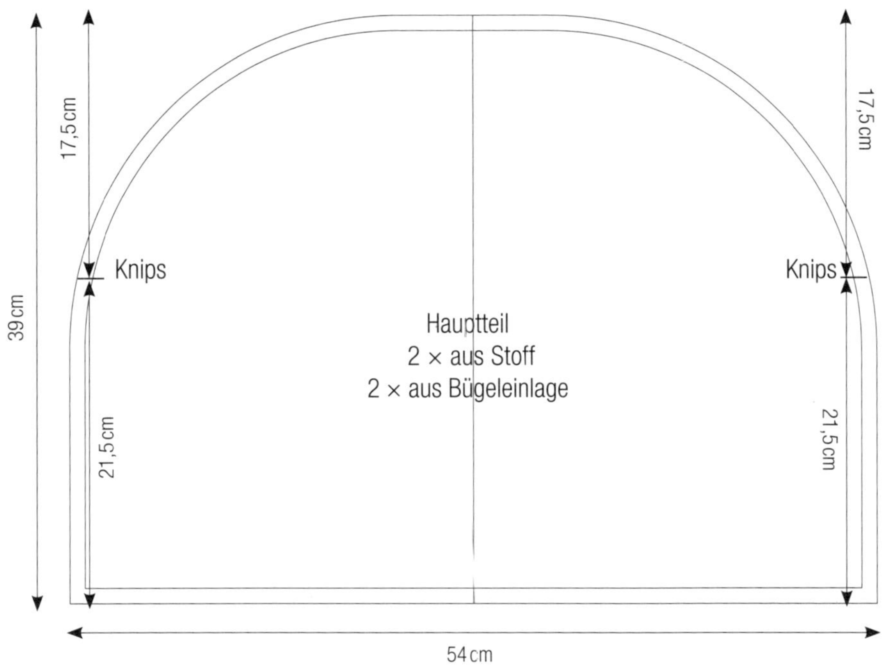

ANLEITUNG

1. Nach dem Schnittmuster die Maße auf den Stoff übertragen und die angegebene Anzahl an Teilen zuschneiden.
2. Einlage auf die Teile bügeln **(N).**
3. Die Kanten versäubern **(B).**
4. Den Reißverschluss an die beiden oberen Seitenteile nähen **(K).**
5. Die oberen Seitenteile rechts auf rechts oben an der Rundung an die Taschenvorder- und Taschenrückseite stecken und die Paspel dazwischenschieben **(I).**
6. Das obere Seitenteil bis zu den Knipsen (siehe Schnittmuster) an Vorder- und Rückseite nähen **(D)** und an den Knipsen 1 cm überstehen lassen.
7. Das untere Seitenteil rechts auf rechts unten an Vorder- und Rückseite stecken und die Paspel dazwischenschieben **(I).**
8. Das untere Seitenteil bis zu den Knipsen an Vorder- und Rückseite nähen und an den Knipsen 1 cm überstehen lassen.
9. Die Nähte am oberen und am unteren Seitenteil schließen **(D).**
10. Die Henkel an die Tasche nähen **(Q).**

20 cm
6
10
4
9
36 cm
51 cm
8

Rucksack

(Abbildungen siehe Seite 30–31)

SCHWIERIGKEITSGRAD

Mit etwas Übung einfach

MATERIAL

Rosa Baumwollstoff als Oberstoff, 110 × 110 cm
Rosa-weiß grafisch gemusterter Modalstoff als Futterstoff, 100 × 110 cm
Braunes Naturleder, 15 × 30 cm
Gürtelschnalle, 2,5 cm breit
Passendes Nähgarn

FERTIGE MASSE

Breite: 38 cm
Höhe: 50 cm
Tiefe: 8 cm
Trägerlänge: 70 cm

SCHNITTMUSTER

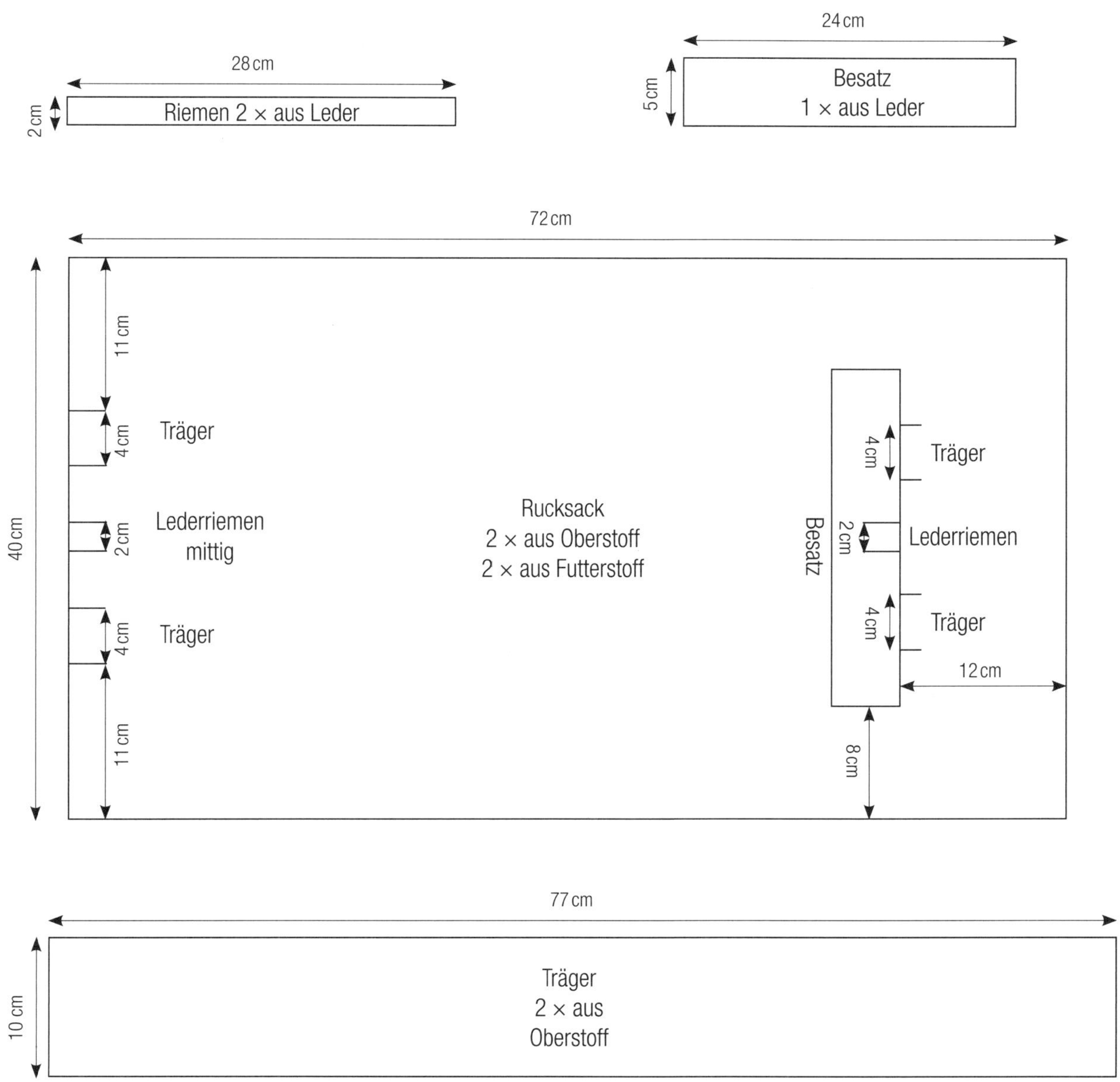

ANLEITUNG

1. Nach dem Schnittmuster die Maße auf Oberstoff, Futterstoff und Leder übertragen und die angegebene Anzahl an Teilen zuschneiden.
2. Die beiden Futterteile rechts auf rechts aufeinanderlegen.
3. Die Seitennähte und die Bodennaht der Futtertasche schließen **(D),** in einer Seitennaht eine 15 cm lange Öffnung zum Wenden lassen.
4. Die seitlichen Bodenkanten 8 cm lang abnähen **(S).**
5. Die Träger anfertigen **(P).**
6. Das obere Ende der Träger und einen Lederriemen mit dem Lederbesatz aufnähen **(G)** (siehe Schnittmuster).
7. Vorderseite und Rückseite rechts auf rechts aufeinanderlegen. An der Unterkante die Trägerenden und den anderen Lederriemen mit den Kanten bündig einschieben (siehe Schnittmuster).
8. Die Seitennähte und die Bodennaht der Oberstofftasche schließen.
9. Die seitlichen Bodenkanten 8 cm lang abnähen.
10. Oberstofftasche und Futtertasche rechts auf rechts ineinanderschieben.
11. Oberstoff und Futter zusammennähen **(U).**
12. Die Tasche wenden und bügeln **(E).**
13. Die Wendeöffnung im Futter schließen **(V)** und das Futter in die Tasche schieben.
14. Oberstoff und Futter an der Eingriffkante mit 1 cm Kantenabstand zusammensteppen.
15. Die Gürtelschnalle an den oberen Riemen nähen.
16. In den unteren Riemen mit einer Lochzange Löcher stanzen.

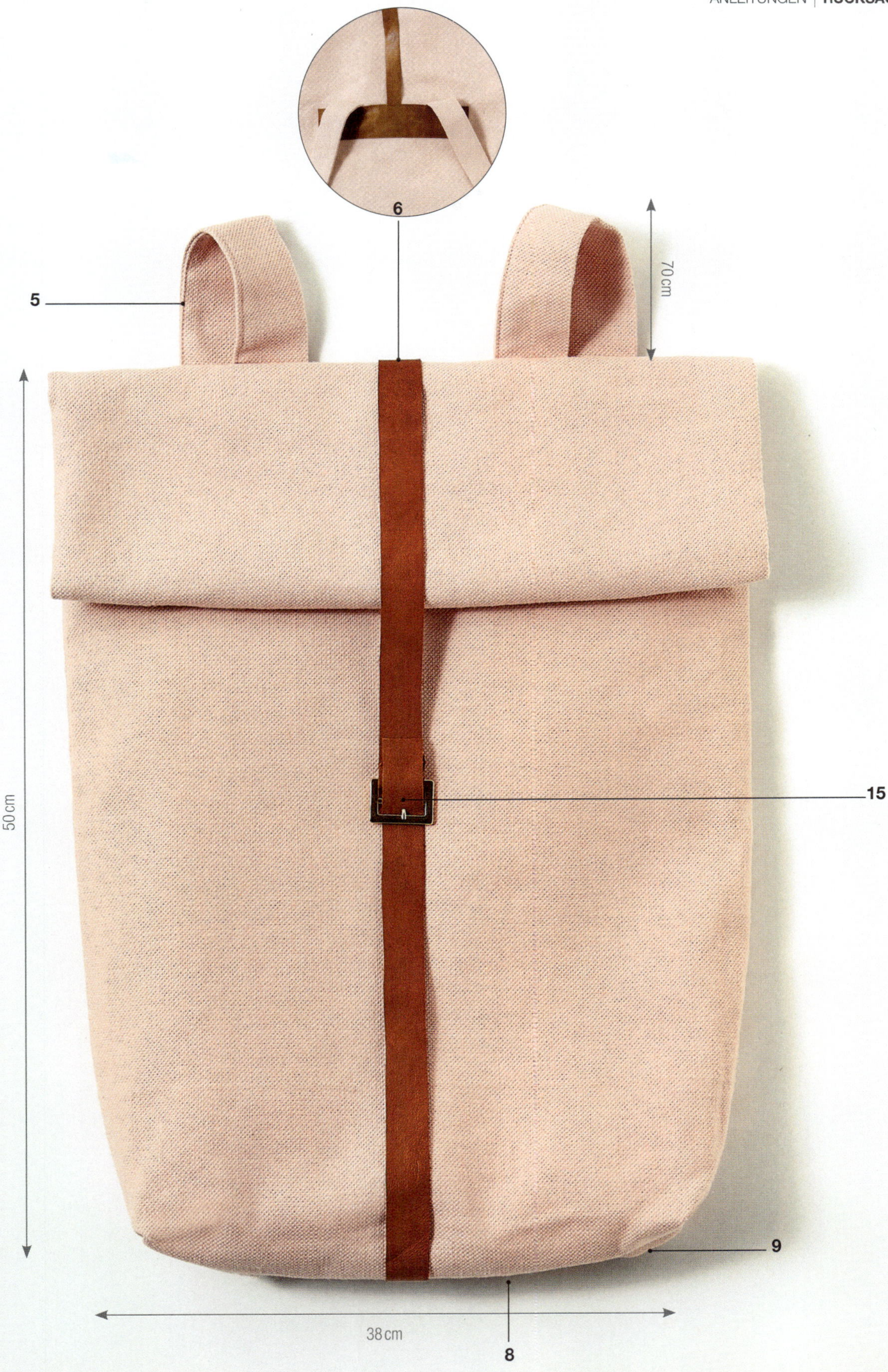

6
5
70 cm
50 cm
15
9
38 cm
8

Tragetasche plus

(Abbildungen siehe Seite 32–33)

SCHWIERIGKEITSGRAD

Mit etwas Übung einfach

MATERIAL

Türkiser vorgewaschener Leinenstoff als Oberstoff, 50 × 110 cm
Tyvek® als Futterstoff, 50 × 160 cm
2 weiße Gurtbänder, 3 cm breit, 130 cm lang
Passendes Nähgarn

FERTIGE MASSE

Breite: 38 cm
Höhe: 42 cm
Tiefe: 6 cm
Henkellänge: 20 cm

SCHNITTMUSTER

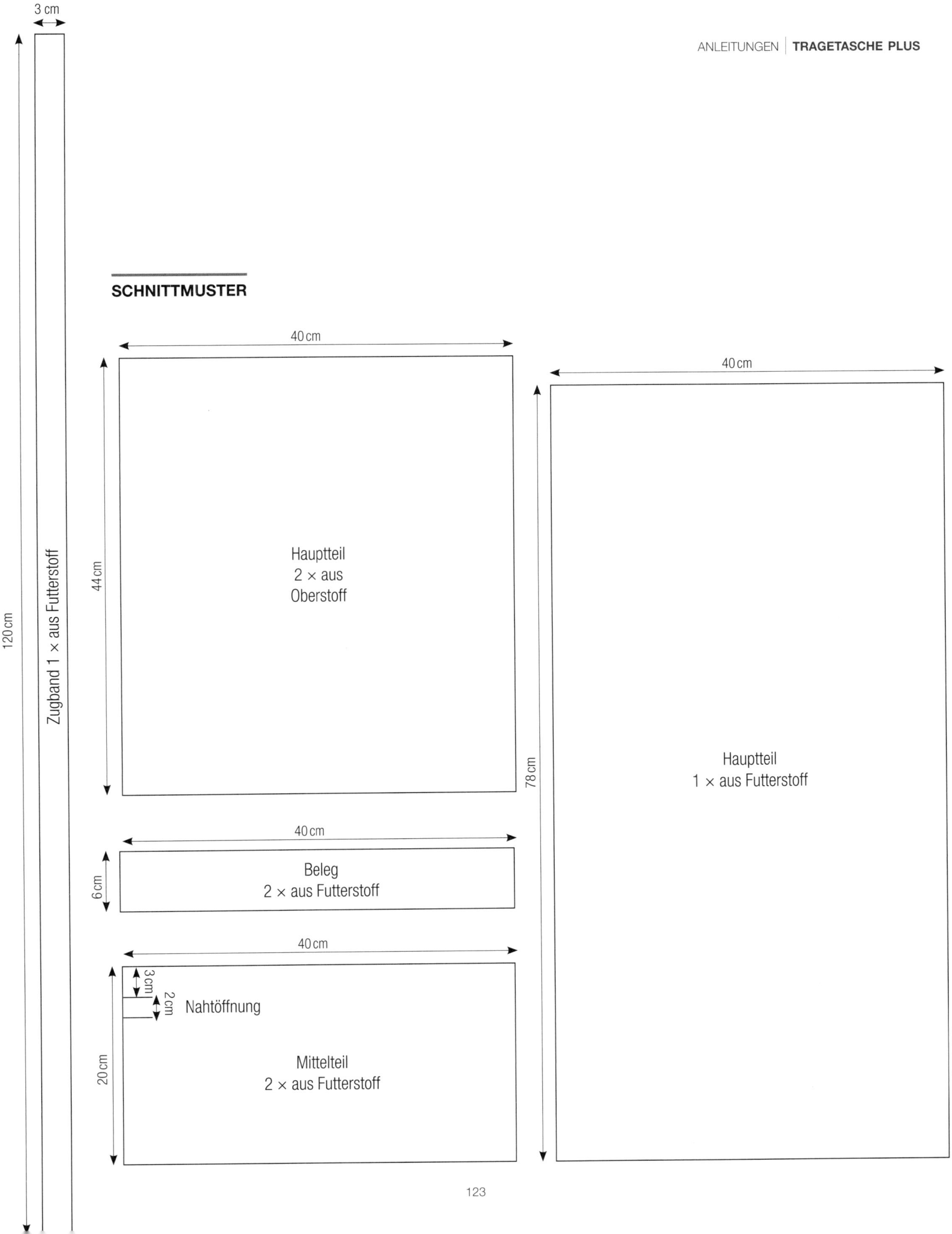

ANLEITUNG

1. Nach dem Schnittmuster die Maße auf Oberstoff und Futterstoff übertragen und die angegebene Anzahl an Teilen zuschneiden.
2. Die Gurtbänder jeweils 8 cm von den Seitenkanten entfernt auf den Oberstoff nähen **(G).** An der Eingriffkante 9 cm lose lassen.
3. Vorder- und Rückseite rechts auf rechts aufeinanderlegen.
4. Die Seitennähte und die Bodennaht schließen **(D).**
5. Die seitlichen Bodenkanten 6 cm lang abnähen **(S).**
6. Die Futtertasche rechts auf rechts zur Hälfte legen und die Seitennähte schließen. In einer Seitennaht eine 15 cm lange Wendeöffnung lassen.
7. Die Seitennähte des Mittelteils schließen und 3 cm von oben eine 2 cm lange Nahtöffnung lassen (siehe Schnittmuster).
8. Die Seitennähte des Belegs schließen.
9. Den Beleg rechts auf rechts an die Oberkante der Futtertasche legen. Das Mittelteil mit der rechten Seite zum Beleg zwischen die beiden Lagen schieben, bündig zu den Seitennähten ausrichten und feststecken.
10. Die Naht durch alle Lagen schließen **(D).**
11. Das Mittelteil zuerst 1 cm und dann 2 cm umschlagen und säumen **(F).**
12. Die Oberstofftasche rechts auf rechts an den Futterbeleg stecken.
13. Oberstoff und Futter verstürzen **(U).**
14. Die Tasche wenden und die Wendeöffnung im Futter schließen **(V).**
15. Das Zugband der Länge nach zweimal 1 cm umlegen und knappkantig absteppen.
16. Das Zugband durch die Nahtöffnung in den Tunnel des Mittelteils ziehen.

20 cm
11
16
15
13
42 cm
2
4
5
38 cm

Seesack

(Abbildung siehe Seite 34)

SCHWIERIGKEITSGRAD

Mit etwas Übung einfach

MATERIAL

Schwerer weißer Baumwollstoff, 75 × 140 cm
Blau-weiß grafisch gemusterter Stoff, 40 × 110 cm
Bügeleinlage, 40 × 110 cm
Kordel, 1,5 cm Ø, 2 m lang
8 Ösen, 2,5 cm Ø
Weißes Gurtband, 3 cm breit, 10 cm lang
Passendes Nähgarn

FERTIGE MASSE

Breite: 30 cm
Höhe: 57 cm

SCHNITTMUSTER

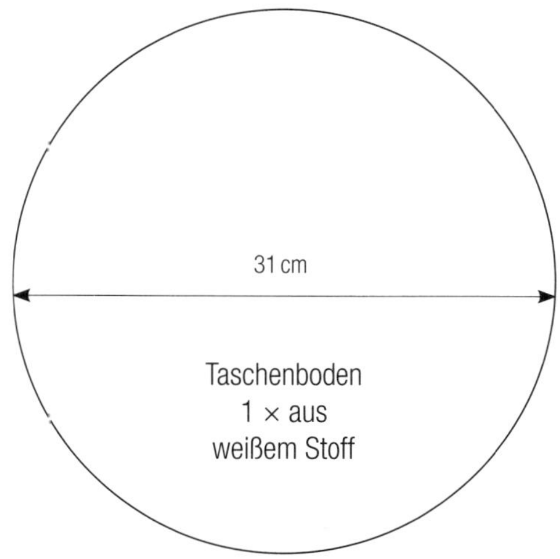

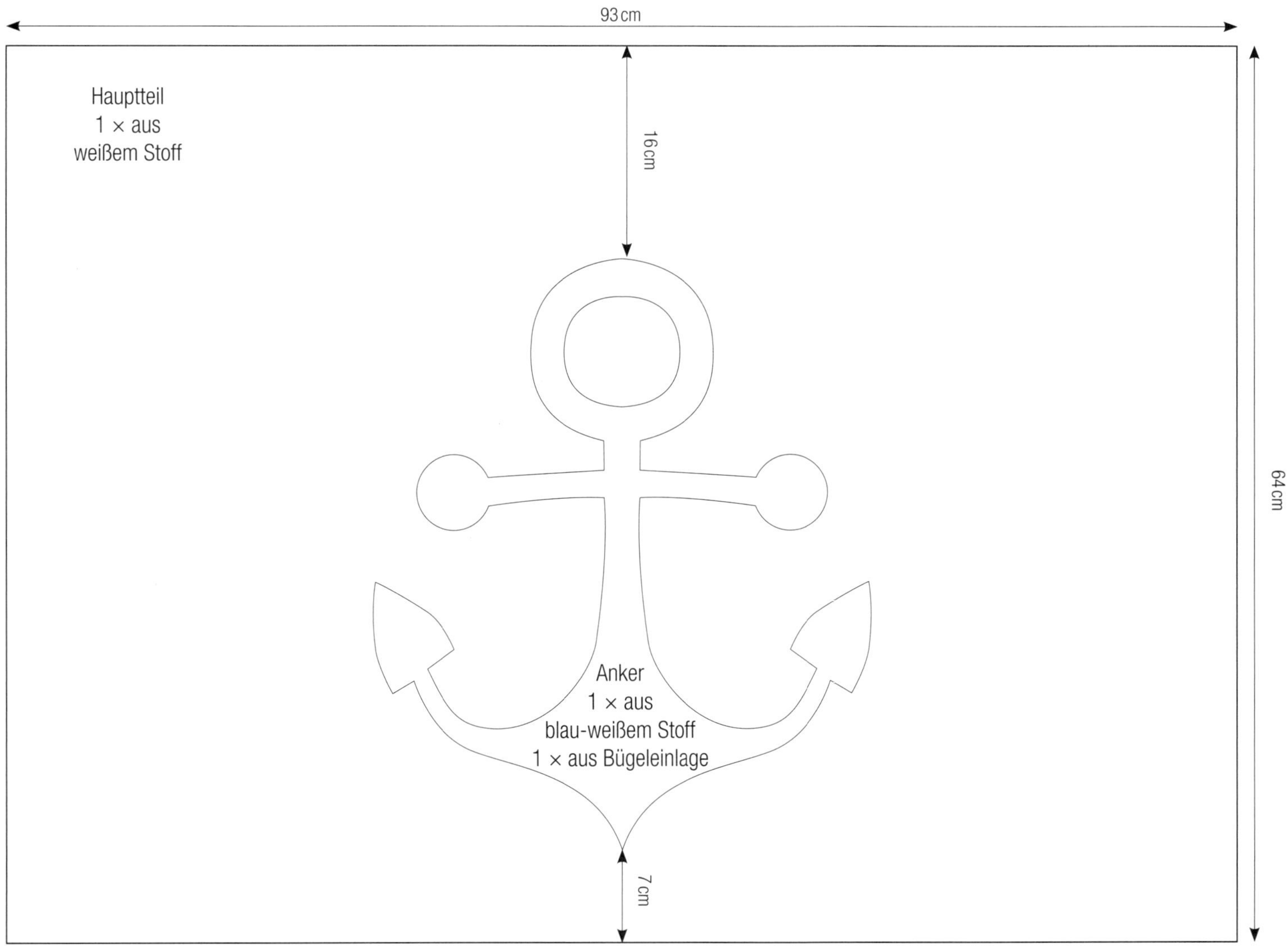

ANLEITUNG

1. Aus dem blau-weißen Stoff ein 40 × 45 cm großes Rechteck ausschneiden und auf der Bügeleinlage fixieren **(N).**
2. Die Ankervorlage um 55 % vergrößern, die Kontur auf den verstärkten Stoff übertragen und ausschneiden.
3. Nach dem Schnittmuster die Maße von Boden und Hauptteil auf den weißen Stoff übertragen und in der angegebenen Anzahl zuschneiden.
4. Das Ankermotiv nach dem Schnittmuster auf das Hauptteil applizieren **(G).**
5. Das rechteckige Hauptteil und den runden Taschenboden versäubern **(B).**
6. Das Hauptteil rechts auf rechts zur Hälfte legen und die Seitennaht feststecken.
7. Das Gurtband zur Hälfte legen und 3 cm über der Unterkante zwischen die Stofflagen schieben.
8. Die Seitennaht schließen **(D).**
9. Den Taschenboden annähen **(T).**
10. Die Eingriffkante zuerst 1 cm und dann 5 cm umschlagen und säumen **(F).**
11. Die Ösen gleichmäßig verteilt einsetzen.
12. Die Kordel in die Schlaufe und in die Ösen einziehen, die Kordelenden miteinander verknoten.

7
8
11
10
3
57 cm
9
30 cm

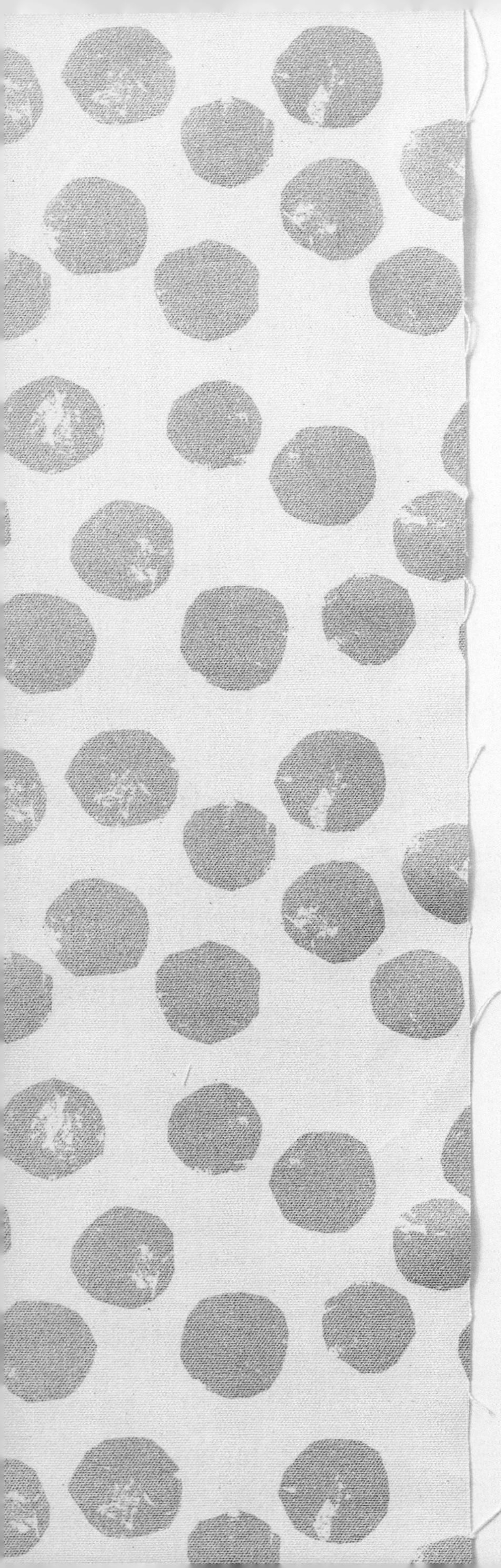

XXL-Tragetasche

(Abbildung siehe Seite 35)

SCHWIERIGKEITSGRAD

Einfach

MATERIAL

Weißer Baumwollstoff mit Goldmuster, 80 × 140 cm
Passendes Nähgarn

FERTIGE MASSE

Breite: 50 cm
Höhe: 58 cm
Henkellänge: 28 cm

SCHNITTMUSTER

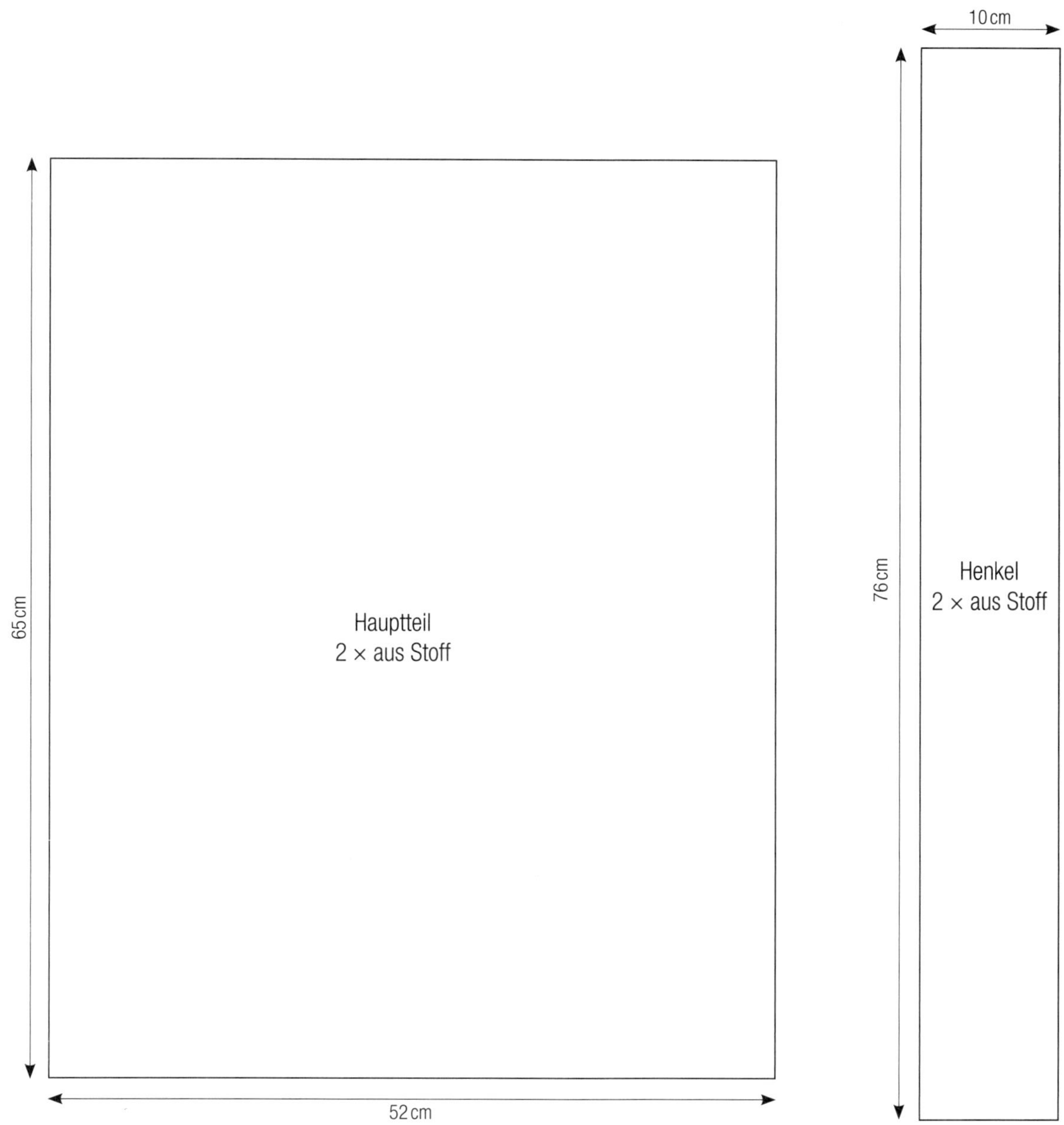

ANLEITUNG

1. Nach dem Schnittmuster die Maße auf den Stoff übertragen und die angegebene Anzahl an Teilen zuschneiden.
2. Das Hauptteil versäubern **(B).**
3. Die beiden Taschenseiten rechts auf rechts aufeinanderlegen und die Seitennähte und die Bodennaht feststecken.
4. Die Seitennähte und die Bodennaht schließen **(D).**
5. Die Henkel fertigen **(P).**
6. Den Saum an der Eingriffkante zuerst 1 cm und dann 3 cm umschlagen und bügeln. Die Henkelenden jeweils 12 cm von der Seitennaht entfernt einschieben **(R).**
7. Die Eingriffkante säumen **(F).**
8. Die Henkel an der Eingriffkante feststeppen **(R).**

28 cm
5
8
7
58 cm
4
50 cm

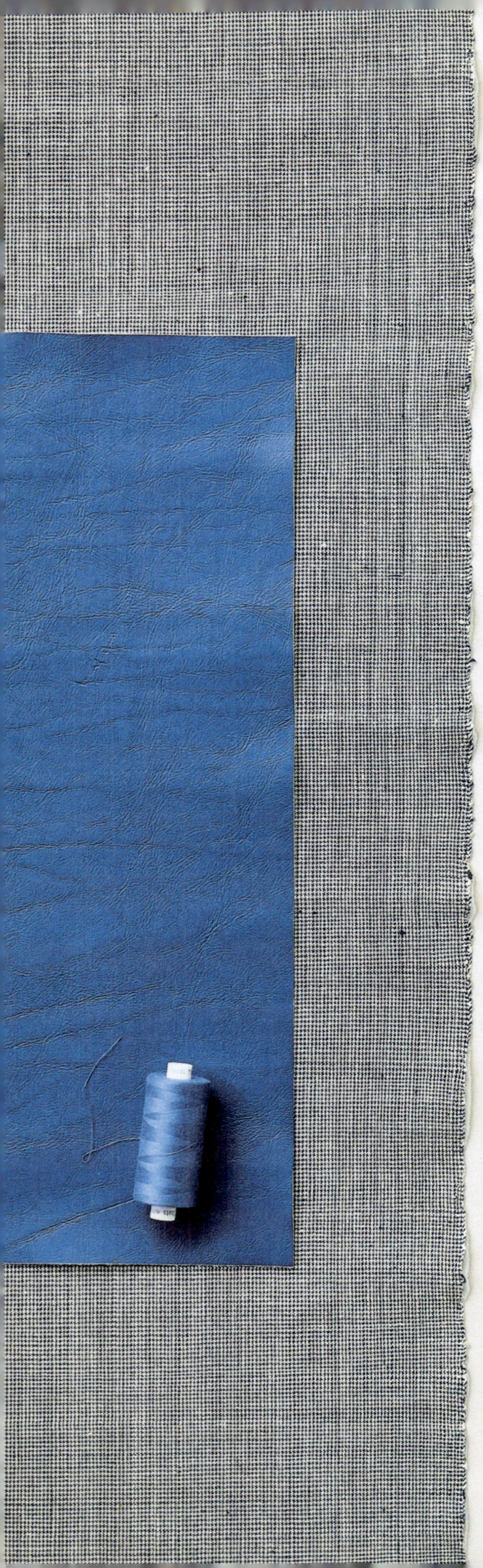

Exklusive Tragetasche

(Abbildung siehe Seite 36)

SCHWIERIGKEITSGRAD

Sehr einfach

MATERIAL

Grau-weißer Baumwollstoff mit feiner Hahnentritt-optik, 50 × 110 cm
Blaues Leder, 75 × 40 cm
Passendes Nähgarn

FERTIGE MASSE

Breite: 34 cm
Höhe: 44 cm
Henkellänge: 15 cm

SCHNITTMUSTER

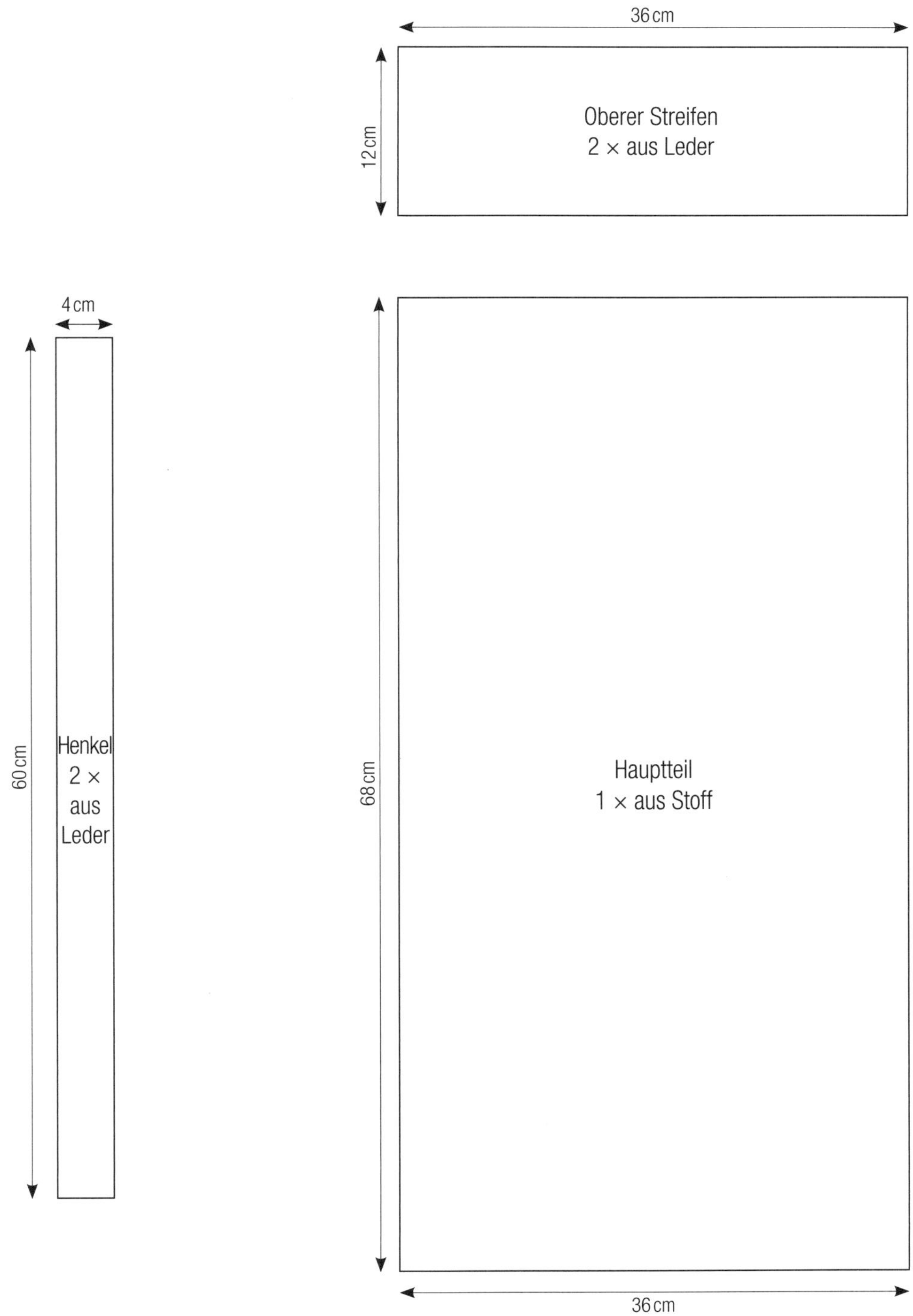

ANLEITUNG

1. Nach dem Schnittmuster die Maße auf Stoff beziehungsweise Leder übertragen und die angegebene Anzahl an Teilen zuschneiden.
2. Das Stoffteil versäubern **(B).**
3. Jeweils einen Lederstreifen rechts auf rechts am Hauptteil anlegen und die Henkel 9 cm von der Seitenkante entfernt mit der rechten Seite zur rechten Stoffseite zwischenschieben.
4. Die Teilungsnähte schließen **(D).**
5. Die Tasche rechts auf rechts zur Hälfte legen und an den Seitennähten nur im Stoffbereich stecken.
6. Die Seitennähte schließen **(D).**
7. Die Nahtzugaben an den Ecken zurückschneiden **(M).**

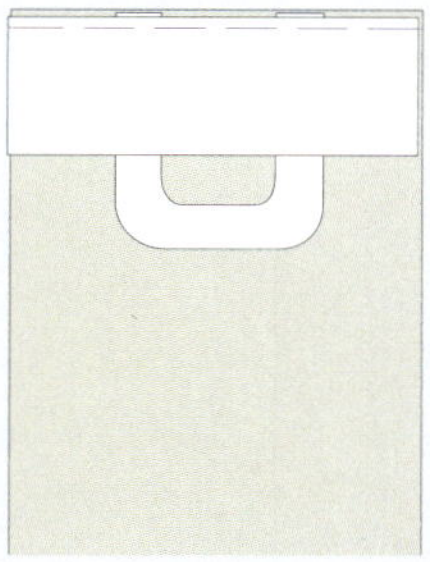

15 cm
44 cm
4
7
6
34 cm

Edle Clutch

(Abbildung siehe Seite 37)

SCHWIERIGKEITSGRAD

Einfach

MATERIAL

Grau-weißer Baumwollstoff mit feiner Hahnentritt-optik, 50 × 110 cm
Blaues Leder, 20 × 35 cm
Beiges Leder, 22 × 2 cm
Gürtelschnalle, 2,5 cm breit
Passendes Nähgarn

FERTIGE MASSE

Breite: 27 cm
Höhe: 18 cm

SCHNITTMUSTER

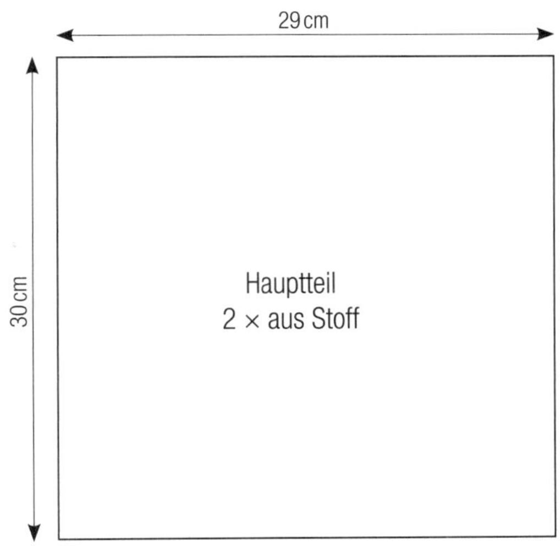

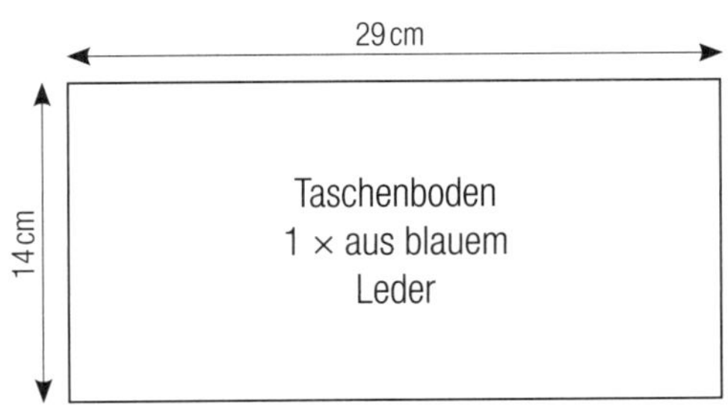

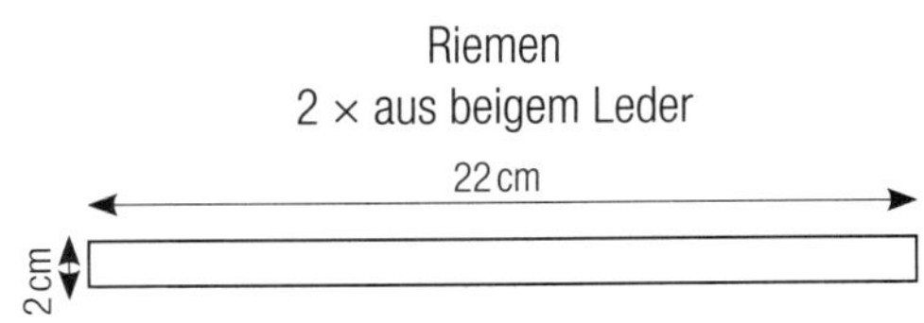

ANLEITUNG

1. Nach dem Schnittmuster die Maße auf Stoff beziehungsweise Leder übertragen und die angegebene Anzahl an Teilen zuschneiden.
2. Die Stoffteile versäubern **(B).**
3. Ein Stoffteil und ein Lederteil rechts auf rechts aufeinanderlegen und ein Riemenende in der Mitte zwischen die Lagen schieben, mit der rechten Seite zur rechten Seite des Lederbodens. Bei der anderen Taschenseite ebenso verfahren.
4. Die Teilungsnähte schließen **(D).**
5. Die Clutch rechts auf rechts zur Hälfte legen und nur die Stoffteile an den Seitennähten stecken.
6. Die Seitennähte schließen.
7. Die Nahtzugaben an den Ecken zurückschneiden **(M).**
8. Den Saum der Eingriffkante zuerst 1 cm, dann 2 cm umlegen und bügeln **(F).**
9. Die Eingriffkante säumen.
10. Die Gürtelschnalle an den oberen Riemen nähen.
11. In den unteren Riemen mit einer Lochzange Löcher stanzen.

10
6
3
4
7
18 cm
27 cm

Bezugsquellen für Stoffe und Nähzubehör

www.beschichtete-stoffe.com
Beschichtete Baumwoll- und Leinenstoffe, Taschenstoffe, Kunstleder

www.dawanda.de
Stoffe, Kurzwaren, Taschengriffe, Nähzubehör, Polstereizubehör

www.ds-leder.de
Leder, Kunstleder, Schnüre und Riemen, Lederwerkzeuge, Polsterwerkzeuge, Metallwaren, Klebstoffe, Kurzwaren

www.extremtextil.de
Tyvek®

www.frautulpe.de
Stoffe, u. a. Double Gauze, Nähzubehör, Bänder

www.hoooked.de
Holztaschengriffe, Leder- und Kunstlederriemen, Gliederketten

www.knopftruhe.de
Nähzubehör, Polsterzubehör, Verschlüsse, Bänder

www.kunst-stoffe-berlin.de
Kunst-Stoffe fördert die kreative Auseinandersetzung mit Wieder- und Weiterverwendungsstrategien. Rest- und Gebrauchtmaterialien werden in der Sammelstelle als nachhaltige Ressourcen erschlossen und an Kunstschaffende, Selbermacher und gemeinnützige Einrichtungen preiswert abgegeben.

www.lederversand-berlin.de
Leder, Lederreste

www.makerist.de
Nähanleitungen, Videokurse, Nähmaterial

polstereizubehör.de
Polstereibedarf, Polsterwerkzeuge, Kunstleder

www.sophies-patchworkstatt.de
Taschenzubehör, Stoffe, Nähzubehör, Kurzwaren

www.stoffe.de
Stoffe, Biostoffe, Leder, Kunstleder, Nähzubehör

www.stoff4you.de
Stoffe, Leder, Zubehör

www.stofflichkeiten.de
Taschenzubehör

www.stoffsalat.de
Stoffe, u. a. Double Gauze

www.taschen-zubehoer.de
Taschenzubehör, Werkzeuge, Stoffe

Eintauchen in die Welt von Marie-Émilienne Viollet
In Ihrem *Atelier Couture Paris Beaubourg* bietet Marie-Émilienne Viollet Nähkurse an, auf der Website des Ateliers Online-Nähkurse (ausschließlich auf Französisch).
www.ateliercoutureparisbeaubourg.com

Über die Website *I AM* gibt Marie-Émilienne Viollet Einblicke in neue Trends und bietet ihre Schnittmuster, Nähpakete und Bücher an.
www.iampatterns.fr

Danke

Liebes Team von Marabout: Danke Pascale, Christine, Richard, Dominique, Muriel, Janes. Eure vereinten Talente veredeln die Entwürfe und machen dieses Buch einzigartig.
Mein Dank gilt auch meinem Großvater Louis, der mir Fantasie und Begeisterung für Kunst und die Freude an einfachen Dingen mitgegeben hat, sowie meinen Onkeln und Tanten Lydie und Jean-Michel, Joëlet und Sophie für ihre Unterstützung von Anfang an. Ich danke außerdem meiner Großmutter Raymonde und meiner Mutter, mit der ich die Begeisterung für Handgemachtes teile.
Ein großes Dankeschön sage ich Bastien und dem ganzen Team von *I AM.* Ich danke allen meinen »Schülern« im *Atelier Couture Paris Beaubourg.* Ich freue mich jeden Tag, mit euch meine Begeisterung für Handgemachtes teilen zu können.
Vielen Dank allen Kreativen, mit denen ich gerne zusammenarbeite und die an diesem Buch mitgewirkt haben: France, Annabelle, Annaïg, Carine. Bei jedem Besuch in euren Stoffgeschäften lasse ich mich von eurer Begeisterung für Stoffe anstecken.
Ich danke auch Ferran und dem ganzen Team von *La Réserve des Arts* für die herzliche Aufnahme und für ihr Engagement.

Fotos Richard Boutin
Styling Christine Légeret
Gestaltung Muriel Bétrancourt

Für die deutsche Ausgabe:
Programmleitung Monika Schlitzer
Redaktionsleitung Caren Hummel
Projektbetreuung Katharina May
Herstellungsleitung Dorothee Whittaker
Herstellungskoordination Arnika Marx
Herstellung und Covergestaltung Sophie Schiela, Evely Xie

Titel der französischen Originalausgabe:
Sacs & pochettes

Übersetzung Eva Korte
Lektorat Martha Schebella

ISBN 978-3-8310-3190-0

Druck und Bindung Toppan Leefung, China

Besuchen Sie uns im Internet
www.dorlingkindersley.de